AF321841

COMMENTAIRE PRATIQUE

DES LOIS

SUR

LE DIVORCE

ET

LA SÉPARATION DE CORPS

DES 27 JUILLET 1884 ET 18 AVRIL 1886

AVEC FORMULES

PAR

DEFRÉNOIS

Auteur du *Traité-Formulaire général du Notariat;* du *Traité des Liquidations*, etc.
Directeur-Fondateur du Répertoire général pratique du Notariat

---

TROISIÈME ÉDITION

PARIS

ADMINISTRATION DU RÉPERTOIRE GÉNÉRAL PRATIQUE DU NOTARIAT
89, RUE DE RENNES, 89

1887

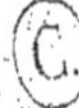

INTRODUCTION

Le divorce, dont l'application était généralement ignorée avant la loi du 27 juillet 1884 qui l'a rétabli, exigeait un commentaire clair, précis et surtout pratique, afin qu'il pût être étudié avec fruits.

Celui que nous présentons a été conçu dans cet esprit. Nous nous sommes efforcé de le rendre aussi pratique que possible.

La loi du 27 juillet 1884 avait respecté les règles établies par le Code civil. Les modifications qu'elle y a apportées sont peu nombreuses ; toutefois celle relative à la conversion du jugement de séparation de corps en jugement de divorce qui donne au juge la faculté d'apprécier à nouveau les griefs, afin de l'admettre ou la rejeter, manque quelque peu de logique et il aurait été préférable, sur ce point, de maintenir le texte du Code.

Une autre modification importante est le droit que la loi nouvelle accorde aux époux divorcés de se réunir par un nouveau mariage, en leur défendant d'adopter un régime matrimonial autre que celui qui les régissait originairement. Les dispositions à ce sujet doivent être examinées tout particulièrement, tant au point de vue de leur application en droit que pour les formules nouvelles qu'elles nécessiteront.

Le Code civil, sur la procédure du divorce, avait obligé les parties à des comparutions personnelles, à des explications et à des enquêtes devant le tribunal assemblé, qui rendaient assez compliquées les actions en divorce, par respect pour le grand principe de l'indissolubilité du mariage.

En outre, en ordonnant ces comparutions personnelles, il permettait aux parties, dans certains cas, de se faire représenter par des mandataires ordinaires ; en cela il se trouvait en contradiction avec les règles de la procédure ordinaire qui obligent les plaideurs à recourir au ministère de l'avoué.

La loi du 18 avril 1886, modifiant celle de 1884, a soumis les actions en divorce aux formes de la procédure ordinaire. Dans notre commentaire sur cette loi, nous examinons les causes qui l'ont amenée et nous nous élevons avec énergie contre les inconséquences nombreuses qu'elle renferme.

Notre Commentaire de la loi du 27 juillet 1884 est suivi des formules notariales auxquelles elle donnait lieu. A la suite du commentaire de la loi du 18 avril 1886, nous indiquons celles de ces formules qui sont devenues sans usage et les modifications à apporter aux autres en conformité de cette dernière loi.

Il nous a paru utile de prévoir un certain nombre de stipulations pour les clauses à insérer dans les contrats de mariage, en prévision du divorce. Nous les avons étudiées avec un grand soin et une extrême prudence, en écartant les innovations dangereuses qui, par hostilité à la loi du divorce, auraient pour but de faire échec aux dispositions qu'elle édicte. Indépendamment de ce que de telles clauses pourraient être entachées de nullité, le notaire rédacteur serait exposé à une répression disciplinaire.

LOI

DU 18 AVRIL 1886

SUR LA PROCÉDURE EN MATIÈRE

DE DIVORCE

ET DE

SÉPARATION DE CORPS

Promulguée par l'insertion au Journal officiel *du 20 du même mois.*

TEXTE DE LA LOI

---

654 — **Art. 1ᵉʳ.** Les articles 234 à 252 et l'article 307 du Code civil sont remplacés par les dispositions suivantes :

655 — « Art. 234. L'époux qui veut former une demande en divorce présente, en personne, sa requête au président du tribunal ou au juge qui en fait fonctions.

656 — » En cas d'empêchement dûment constaté, le magistrat se transporte, assisté de son greffier, au domicile de l'époux demandeur.

657 — » En cas d'interdiction légale résultant d'une condamnation, la requête à fin de divorce ne peut être présentée par le tuteur que sur la réquisition ou avec l'autorisation de l'interdit.

658 — » Art. 235. Le juge, après avoir entendu le demandeur et lui avoir fait les observations qu'il croit convenable, ordonne au bas de la requête que les parties comparaîtront devant lui au jour et à l'heure qu'il indique, et commet un huissier pour notifier la citation.

659 — » Art. 236. Le juge peut, par l'ordonnance permettant de citer, autoriser l'époux demandeur à résider séparément en indiquant, s'il s'agit de la femme, le lieu de la résidence provisoire.

660 — » Art. 237. La requête et l'ordonnance sont signifiée en tête de la citation donnée à l'époux défendeur trois jours au moins avant le jour fixé pour la comparution, outre les délais de distance, le tout à peine de nullité.

661 — » Cette citation est délivrée par huissier commis et sous pli fermé.

662 — » Art. 238. Au jour indiqué le juge entend les parties en personne ; si l'une d'elles se trouve dans l'impossibilité de se rendre auprès du juge, ce magistrat détermine le lieu où sera tentée la conciliation, ou donne commission pour entendre le défendeur; en cas de non conciliation ou de défaut, il rend une ordonnance qui constate la non conciliation ou le défaut, et autorise le demandeur à assigner devant le tribunal.

663 — » Le juge statue, à nouveau, s'il y a lieu, sur la résidence de l'époux demandeur, sur la garde provisoire des enfants, sur la remise des effets personnels, et il a la faculté de statuer également, s'il y a lieu, sur la demande d'aliments.

664 — » Cette ordonnance est exécutoire par provision ; elle est susceptible d'appel dans les délais fixés par l'article 809 du Code de procédure.

665 — » Par le fait de cette ordonnance, la femme est autorisée à faire toutes procédures pour la conservation de ses droits et à ester en justice jusqu'à la fin de l'instance et des opérations qui en sont les suites.

666 — » Lorsque le tribunal est saisi, les mesures provisoires prescrites par le juge peuvent être modifiées ou complétées au cours de l'instance, par jugement du tribunal, sans préjudice du droit qu'a toujours le juge de statuer, en tout état de cause, en référé, sur la résidence de la femme.

667 — » Le juge, suivant les circonstances, avant d'autoriser le demandeur à citer, peut ajourner les parties à un délai qui n'excède pas vingt jours, sauf à ordonner les mesures provisoires nécessaires.

668 — » L'époux demandeur en divorce devra user de la permission de citer qui lui a été accordée par l'ordonnance du président, dans un délai de vingt jours à partir de cette ordonnance.

669 — » Faute par l'époux demandeur d'avoir usé de cette permission dans ledit délai, les mesures provisoires ordonnées à son profit cesseront de plein droit.

670 — » Art. 239. La cause est instruite est jugée dans la forme ordinaire, le ministère public entendu.

671 — » Le demandeur peut, en tout état de cause, transformer sa demande en divorce en demande en séparation de corps.

672 — » Les demandes reconventionnelles en divorce peuvent être introduites par un simple acte de conclusions.

673 — » Les tribunaux peuvent ordonner le huis clos.

674 — » La reproduction des débats par la voie de la presse, dans les instances en divorce, est interdite, sous peine de l'amende de 100 à 2,000 fr. édictée par l'article 39 de la loi du 30 juillet 1881.

675 — » Art. 240. Le tribunal peut, soit sur la demande de l'une des

parties intéressées, soit sur celle de l'un des membres de la famille, soit sur les réquisitions du ministère public, soit même d'office, ordonner toutes les mesures provisoires qui lui paraissent nécessaires dans l'intérêt des enfants.

676 — » Il statue aussi sur les demandes relatives aux aliments pour la durée de l'instance, sur les provisions et sur toutes les autres mesures urgentes.

677 — » Art. 241. La femme est tenue de justifier de sa résidence dans la maison indiquée, toutes les fois qu'elle en est requise ; à défaut de cette justification, le mari peut refuser la provision alimentaire, et, si la femme est demanderesse en divorce, la faire déclarer non recevable à continuer ses poursuites.

678 — » Art. 242. L'un ou l'autre des époux peut, dès la première ordonnance et sur l'autorisation du juge, donnée à la charge d'en référer, prendre pour la garantie de ses droits des mesures conservatoires, notamment requérir l'apposition des scellés sur les biens de la communauté.

679 — » Le même droit appartient à la femme même non commune, pour la conservation de ceux de ses biens dont le mari a l'administration ou la jouissance.

680 — » Les scellés sont levés à la requête de la partie la plus diligente, les objets et valeurs sont inventoriés et prisés, l'époux qui est en possession en est constitué gardien judiciaire, à moins qu'il n'en soit décidé autrement.

681 — Art. 243. — Toute obligation contractée par le mari à la charge de la communauté, toute aliénation par lui faite des immeubles qui en dépendent, postérieurement à la date de l'ordonnance dont il est fait mention en l'article 235, sera déclarée nulle, s'il est prouvé d'ailleurs qu'elle a été faite ou contractée en fraude des droits de la femme.

682 — » Art. 244. L'action en divorce s'éteint par la réconciliation des époux survenue, soit depuis les faits allégués dans la demande, soit depuis cette demande.

683 — » Dans l'un et l'autre cas, le demandeur est déclaré non recevable dans son action ; il peut néanmoins en intenter une nouvelle pour cause survenue ou découverte depuis la réconciliation et se prévaloir des anciennes causes à l'appui de sa nouvelle demande.

684 — » L'action en divorce s'éteint également par le décès de l'un des époux survenu avant que le jugement soit devenu irrévocable par la transcription sur les registres de l'état civil.

685 — Art. 245. Lorsqu'il y a lieu à enquête, elle est faite conformément aux dispositions des articles 252 et suivants du Code de proc. civ.

686 — » Les parents, à l'exception des descendants, et les domestiques des époux peuvent être entendus comme témoins.

687 — » Art. 246. Lorsque la demande en divorce a été formée pour toute autre cause que celle qui est prévue par l'article 232, le tribunal, encore que cette demande soit bien établie, peut ne pas prononcer immédiatement le divorce.

688 — » Dans ce cas, il maintient ou prescrit l'habitation séparée et les mesures provisoires pendant un délai qui ne peut excéder six mois.

689 — » Après le délai fixé par le tribunal, si les époux ne sont pas réconciliés, chacun d'eux peut faire citer l'autre à comparaître devant le tribunal dans le délai de la loi pour entendre prononcer le jugement de divorce.

690 — » Art. 247. Lorsque l'assignation n'a pas été délivrée à la partie défenderesse en personne et que cette partie fait défaut, le tribunal peut, avant de prononcer le jugement sur le fond, ordonner l'insertion dans les journaux d'un avis destiné à faire connaître à cette partie la demande dont elle a été l'objet.

691 — » Le jugement ou l'arrêt qui prononce le divorce par défaut est signifié par huissier commis.

692 — » Si cette signification n'a pas été faite à personne, le président ordonne sur simple requête la publication du jugement par extrait dans les journaux qu'il désigne. L'opposition est recevable dans le mois de la signification, si elle a été faite à personne, et dans le cas contraire, dans les huit mois qui suivront le dernier acte de publicité.

693 — » Art. 248. L'appel est recevable pour les jugements contradictoires dans les délais fixés par les articles 443 et suivants du Code de procédure civile.

694 — » S'il s'agit d'un jugement par défaut, le délai ne commence à courir qu'à partir du jour où l'opposition n'est plus recevable.

695 — » En cas d'appel, la cause s'instruit à l'audience ordinaire et comme affaire urgente.

696 — » Les demandes reconventionnelles peuvent se produire en appel, sans être considérées comme demandes nouvelles.

697 — » Le délai pour se pourvoir en cassation court du jour de la signification à partie, pour les arrêts contradictoires; et, pour les arrêts par défaut, du jour où l'opposition n'est plus recevable.

698 — » Le pourvoi est suspensif.

699 — » Art. 249. Le jugement ou l'arrêt qui prononce le divorce n'est pas susceptible d'acquiescement.

700 — » Art. 250. Extrait du jugement ou de l'arrêt qui prononce le divorce est inséré aux tableaux exposés tant dans l'auditoire des tribunaux civils et de commerce que dans les chambres des avoués et des notaires.

701 — » Pareil extrait est inséré dans l'un des journaux qui se publient dans le lieu où siège le tribunal, ou, s'il n'y en a pas, dans l'un de ceux publiés dans le département.

702 — » Art. 251. Le dispositif du jugement ou de l'arrêt est transcrit sur les registres de l'état civil du lieu où le mariage a été célébré.

703 — » Mention est faite de ce jugement ou arrêt en marge de l'acte de mariage, conformément à l'article 49 du Code civil. Si le mariage a été célébré à l'étranger, la transcription est faite sur les registres de l'état civil du lieu où les époux avaient leur dernier domicile, et mention est faite en marge de l'acte de mariage, s'il a été transcrit en France.

704 — » Art. 252. La transcription est faite à la diligence de la partie qui a obtenu le divorce; à cet effet, la décision est signifiée, dans un délai de deux mois, à partir du jour où elle est devenue définitive, à l'officier de l'état civil compétent, pour être transcrite sur les registres. A cette signification doivent être joints les certificats énoncés en l'article 548 du Code de procédure civile, et, en outre, s'il y a un arrêt, un certificat de non pourvoi.

705 — » Cette transcription est faite par les soins de l'officier de l'état civil, le cinquième jour de la réquisition, non compris les jours fériés, sous les peines édictées par l'article 50 du Code civil.

706 — » A défaut, par la partie qui a obtenu le divorce, de faire la signification dans le premier mois, l'autre partie a le droit, concurremment avec elle, de faire cette signification dans le mois suivant.

707 — » A défaut par les parties d'avoir requis la transcription dans le délai de deux mois, le divorce est considéré comme nul et non avenu.

708 — » Le jugement dûment transcrit remonte, quant à ses effets entre époux, au jour de la demande.

709 — » Art. 307. Elle (la séparation de corps) sera intentée, instruite et jugée de la même manière que toute autre action civile; néanmoins les articles 236 à 244 lui seront applicables : elle ne pourra avoir lieu par le consentement mutuel des époux.

710 — » Le tuteur de la personne judiciairement interdite peut, avec l'autorisation du conseil de famille, présenter la requête et suivre l'instance à fin de séparation. »

711 — **Art. 2.** Le paragraphe suivant est ajouté à l'article 310 :

712 — « La cause en appel sera débattue et jugée en chambre du conseil, sur rapport, le ministère public entendu. L'arrêt sera rendu en audience publique. »

713 — **Art. 3.** Le paragraphe ajouté à l'article 313 du Code civil, par la loi du 6 décembre 1850, est modifié ainsi qu'il suit :

714 — « Art. 313. En cas de jugement ou même de demande soit de divorce, soit de séparation de corps, le mari peut désavouer l'enfant né trois cents jours après la décision qui a autorisé la femme à avoir un domicile séparé et moins de cent quatre-vingt jours depuis le rejet définitif de la demande ou depuis la réconciliation.

715 — » L'action en désaveu n'est pas admise s'il y a eu réunion de fait entre les époux. »

716 — **Art. 4.** Sont abrogés les articles 253 à 274 du Code civil, l'article 881 du Code de procédure civile, les articles 2, 3 et 4 de la loi du 27 juillet 1884, et toutes les dispositions contraires à la présente loi.

717 — **Art. 5.** La présente loi est applicable à l'Algérie et aux colonies de la Martinique, de la Guadeloupe et de la Réunion.

Dispositions transitoires.

718 — **Art. 6.** Les instances en séparation de corps pendantes au moment de la promulgation de la loi du 27 juillet 1884 peuvent être converties, par le demandeur, en instances de divorce.

719 — Cette conversion peut être demandée même en cours d'appel.

720 — La procédure spéciale de divorce sera suivie à partir du dernier acte valable de la procédure de séparation de corps.

721 — Peuvent être convertis en jugements de divorce, comme il est dit en l'art. 310 du Code civil, tous jugements de séparation de corps, antérieurs à la promulgation de la présente loi, devenus définitifs depuis trois ans.

722 — **Art. 7.** La présente loi s'appliquera aux instances de divorce commencées sous l'empire de la loi du 27 juillet 1884.

COMMENTAIRE

723 — I. **Division**. Dans le but de faciliter l'étude de la loi nouvelle, nous diviserons notre travail en cinq titres qui traiteront : le premier, du caractère et des causes de la loi nouvelle; le second, des règles générales sur le divorce; le troisième, de la procédure du divorce; le quatrième, des dispositions accessoires; et le cinquième, des effets du divorce.

TITRE PREMIER.

DU CARACTÈRE ET DES CAUSES DE LA LOI NOUVELLE.

SOMMAIRE.

I. Procédure du Code civil.	V. Commission extraparlementaire.
II. Courant procédurier.	VI. Loi nouvelle. Adoption.
III. Confection des lois.	VII. Codification.
IV. Concours pour les projets de lois.	VIII. Motifs de la loi.

724 — I. **Procédure du Code civil.** La procédure édictée par le

Code civil relativement au divorce était des plus sages : d'une part, elle commandait à chaque acte de la procédure devant le tribunal la comparution personnelle du demandeur ; s'il persistait, c'était la démonstration de sa volonté de donner suite à l'action. Par fois, ennuyé de ces comparutions répétées, il préférait renoncer à l'action et la réconciliation pouvait en être la conséquence. Aujourd'hui, une seule comparution est imposée au demandeur, celle à fin de tentative de conciliation au début de l'instance, alors que les griefs allégués sont encore trop vivaces pour être oubliés ou pardonnés ; après quoi le demandeur est représenté par son avoué à tous les actes de l'instance, quelle qu'en soit la durée, même à la transcription sur les registres de l'état civil qui rend le divorce irrévocable. Or cet intermédiaire n'a aucun intérêt à ce que la réconciliation survienne entre les époux.

725 — D'autre part, la législation ancienne permettait aux parties, au demandeur comme au défendeur, de se passer du ministère de l'avoué sur l'action devant le tribunal (notre *Commentaire*, n° 211), comme aussi d'avocats puisque, suivant l'art. 242, il avait la faculté s'il en avait besoin de se faire assister d'un conseil (*Ibid.*, n° 239). Ces mesures étaient empreintes d'un grand esprit de sagesse, car le demandeur plaidant lui-même pouvait avoir des hésitations et ne pas persister ; en outre il était possible que le conseil, un parent ou un ami, fût animé de désirs de conciliation. Puis, ces mesures n'étaient-elles pas de nature, sinon de suite du moins à un certain moment, à servir de règles pour la procédure ordinaire. A ces divers points de vue elles devaient être combattues par ceux dont elle froissait les intérêts. Aussi, dès la discussion sur le rétablissement du divorce, on proposa des réformes dans la procédure. Il fut répondu que la procédure de 1804 était praticable ainsi qu'elle l'avait été de 1804 à 1816, et de grandes influences ont dû être mises en mouvement pour que le gouvernement consentît à présenter un projet de loi tendant à placer les parties, relativement à une action touchant à l'indissolubilité du mariage, dans une situation analogue à un litige pécuniaire.

726 — II. **Courant procédurier**. Cette loi a été le triomphe du parti procédurier. Nous lui devions déjà la déplorable loi du 27 février 1880, si désastreuse pour les mineurs, comme aussi la loi humiliante du 24 octobre 1884 sur les ventes judiciaires d'immeubles. En toute circonstance, ou s'ingénie à nous placer sous la main de la justice ; cependant, mieux que les magistrats, surtout au degré d'instruction où nous sommes parvenus, nous devons discerner les besoins de nos propres intérêts ; mais une ordonnance, qu'elle émane du tribunal ou du président, nécessite une requête ou autre acte de procédure, c'est là le seul intérêt du semblant de protection que la loi nous accorde et dont nous n'avons nul besoin.

727 — Le parti procédurier, d'ailleurs, a singulièrement développé le nombre de ses agents. A une époque qui ne remonte pas très loin, il suffisait du ministère des avoués pour les affaires civiles ; depuis on a créé des administrateurs judiciaires, des séquestres judiciaires, des experts judiciaires, des liquidateurs judiciaires, des curateurs à successions vacantes, etc., au grand détriment des justiciables, car la justice, censément gratuite, devient très couteuse et, dans bien des cas, les instances sont arrêtées si les provisions réclamées par ces auxiliaires ne peuvent leur être versées.

728 — Auparavant, quand un litige naissait à l'occasion d'une hérédité, le tribunal nommait comme administrateur provisoire le notaire des parties ; il n'aliénait les valeurs qu'en cas de nécessité, son administration durait le moins possible et, quand il rendait son compte, l'émolument était à peine la rémunération du temps employé. Actuellement, le tribunal ne confie plus l'administration provisoire qu'aux administrateurs désignés par le président. Ces administrateurs, ainsi qu'une instance récente l'a révélé, s'empressent d'aliéner les valeurs, de recouvrer les créances, d'encaisser le plus possible ; si cela n'est pas nécessaire pour les parties, il en est autrement pour eux, leur allocation étant proportionnelle au montant des encaissements, même quand l'actif est inférieur au passif.

729 — III. **Confection des lois.** On ne remédiera à cela, on ne simplifiera la procédure d'une façon sérieuse que quand les lois seront préparées et votées par de véritables législateurs, réunissant à la théorie la pratique des affaires.

730 — IV. **Concours pour les projets de lois.** Nous avons souvent demandé que les projets de lois fussent mis au concours, seul moyen, selon nous, de réunir toutes les intelligences et d'arriver, non à une perfection qui n'est pas de ce monde, au moins à la rédaction de lois claires, précises, utiles et surtout susceptibles de relever le crédit, en rendant aux affaires un essor qui lui échappe au grand détriment de la propriété immobilière, seule richesse réelle du pays. Voici, sur ce point, ce que nous disions dans le *Répertoire*, cahier du 10 avril 1882, ACTUALITÉS, page 137 :

731 — « Le principe : « Nul n'est censé ignorer la loi » est, en réalité, » sans application. Nos lois sont tellement nombreuses, elles ont si peu » de cohésion, et les abrogations successives mentionnées dans les lois » nouvelles sont si difficiles à définir, que les recherches deviennent très » laborieuses ; et les meilleurs esprits éprouvent souvent une grande » difficulté à s'y reconnaître.

732 — » On remédierait à cela en codifiant chacune des matières spé- » ciales de la législation et en y réunissant ensuite, pour ne former qu'un » seul contexte, les changements, les perfectionnements, les développe-

» ments qui seraient amenés par le progrès ou suggérés par l'expé-
» rience.

733 — » Ce travail serait considérable et ne pourrait être l'œuvre que
» d'esprits profonds, joignant à la science du droit une grande connais-
» sance des affaires, surtout au point de vue pratique.

734 — » Le moyen, à notre avis, de parvenir à une codification satis-
» faisante, ainsi qu'à une rédaction logique en même temps que pra-
» tique des lois nouvelles, serait, comme l'usage l'a consacré à l'égard
» des monuments publics et des sceaux ou types officiels, de mettre AU
» CONCOURS ces codifications ainsi que toutes lois dont l'opportunité
» serait signalée par le gouvernement ou par l'initiative parlementaire.

735 — » De savants magistrats, des légistes éclairés, des praticiens
» modestes, mais souvent non moins capables, n'hésiteraient pas à
» prendre part à ces concours, qui mettraient certainement en évidence
» des intelligences supérieures dont le pays pourrait à juste titre s'énor-
» gueillir.

736 — » Les travaux produits par les concours, cet appel à toutes les
» lumières, seraient, suivant nous, bien plus efficaces que ceux des COM-
» MISSIONS EXTRAPARLEMENTAIRES, *composées le plus souvent de
» personnalités politiques dont la valeur juridique et l'esprit pratique
» peuvent parfois laisser à désirer.*

737 — » La loi sur l'aliénation des valeurs mobilières des mineurs vo-
» tée en 1880, et les projets de lois actuellement soumis à l'examen des
» Chambres, notamment ceux relatifs à la renonciation extinctive des
» hypothèques légales des femmes, à la restriction des droits du père
» comme administrateur légal des biens de ses enfants mineurs, aux
» ventes judiciaires d'immeubles, aux modifications à apporter aux lois
» réglant les sociétés, etc., témoignent assez de l'utilité de la mesure
» que nous proposons. »

738 — V. **Commissions extraparlementaires.** Lorsque nous
écrivions l'article dont le passage relatif aux concours vient d'être rap-
porté, nous avions instinctivement la pensée que les commissions extraparlementaires ne comportaient pas ce qui est exigé du vrai législateur.
Maintenant que nous les avons vues à l'œuvre, notamment au sujet des
modifications à apporter à la loi sur les sociétés par actions dont nous
avons démontré l'inanité dans une *Dissertation pratique* (année 1884,
art. 2114), et aussi à l'égard de la loi nouvelle dont nous entreprenons
le commentaire, nous déclarons que le gouvernement commet une faute
toutes les fois qu'il institue une commission extraparlementaire pour
l'étude d'une loi.

739 — Notre opinion sur ces commissions n'est que l'écho de ce qui se
dit journellement. Un esprit fin du Sénat, qui ne se fait pas suffisamment
écouter à cause de sa fougue en matière politique, sur une interruption

lui disant que la loi nouvelle sur le divorce avait été préparée par une commission extraparlementaire, répondait ainsi (*Officiel*, année 1885, page 1284) :

« M. DE GAVARDIE. Oh ! mon honorable collègue, il se passe des choses
» fort extraparlementaires en matière de législation ! Bien souvent ces
» commissions, qui obéissent à des initiatives venant de divers côtés...
» (Interruptions à gauche).

» M. MUNIER. Demandez à en faire partie !

» M. DE GAVARDIE. Je m'en garderais bien ! (Rires.) Ce n'est pas au
» moyen de commissions de cette nature que les lois s'élaboraient au-
» trefois ; il n'y en a pas d'exemple. Je n'ai jamais entendu dire que des
» commissions extraparlementaires aient été appelées à jeter les bases
» de ces monuments immortels de législation auxquels on touche au-
» jourd'hui. On s'adressait alors à des commissions ayant un caractère
» absolument spécial, qui n'étaient pas composées par les hasards de la
» politique, à des hommes appartenant aux compétences les plus di-
» verses. Maintenant on veut — car aujourd'hui la politique se mêle à
» tout — on veut faire plaisir à telle ou telle opinion ou à telle ou telle
» individualité ; on met en contact des hommes qui, quelquefois, n'ont
» jamais étudié les questions dont ils sont saisis ou qui n'ont que l'appa-
» rence de la compétence ; et on vient ensuite nous dire que c'est
» une commission extraparlementaire qui a préparé tel ou tel projet.
» Non, ce n'est pas ainsi que les choses se passaient autrefois.

» Quand le Code civil a été fait, les comités étaient composés
» d'hommes... (Bruit à gauche. — Assez ! — A la question !) »

740 — VI. **Loi nouvelle**. — **Adoption**. La loi nouvelle sur la procédure du divorce avait été proposée, dans ses principes, pendant la
discussion au Sénat de la loi qui a rétabli le divorce ; ajournée à ce
moment, on a obtenu depuis du gouvernement qu'il la fît préparer par
la commission extraparlementaire instituée pour la révision du Code de
procédure. Nous ne cherchons pas à comprendre l'insistance de ses
promoteurs à la faire voter, eux qui étaient notoirement hostiles au rétablissement du divorce, alors que cette loi procure au divorce un accès
trop facile que le Code avait voulu éviter.

741 — Le projet de loi préparé par la commission extraparlementaire
fut présenté au Sénat, qui le discuta en première lecture dans ses
séances des 7, 10 et 12 novembre 1885, et en seconde lecture, dans ses
séances des 22 et 24 décembre. Le rapport de la commission du Sénat
n'est qu'une paraphrase de l'exposé des motifs et ne jette aucun jour
sur les questions susceptibles de surgir. Quant à la discussion, nulle sur
les dispositions vitales, elle s'est égarée sur quelques dispositions se-
condaires. Un seul orateur, M. de Gavardie, l'a combattue en deman-
dant, avec raison, le retour au Code civil.

742 — En ce qui concerne la Chambre des députés, voici ce que nous disions en commentant la loi sur les ventes judiciaires d'immeubles (*supra* t. I, page 552) : — « Espérons que la Chambre à élire prochai-
» nement sera enfin une Chambre d'affaires, ne se pénétrant plus que
» du bien du pays, qu'elle répudiera les discussions stériles pour se
» livrer entièrement à l'étude vraie et à la confection entendue (à l'aide
» de concours publics au lieu de commissions extraparlementaires) de
» lois pratiques, si nécessaires pour rétablir la prospérité immobilière,
» industrielle et commerciale qui semble nous abandonner. Ainsi elle fera
» contrepoids à l'insuffisance du Sénat, en matière de législation, qui
» s'est révélée notamment, etc. » — Hélas ! la Chambre nouvelle, malgré son élément nouveau, n'examine même plus et ne discute plus les lois ; elle enregistre simplement les lois votées par le Sénat ou préparées par ses commissions. C'est donc sans aucune discussion qu'elle a voté la loi que nous allons commenter et, en même temps, une loi mal préparée sur la renonciation extinctive de la femme à son hypothèque légale.

743 — **VII. Codification.** La loi nouvelle sur la procédure du divorce, non seulement par les modifications qu'elle a apportées, mais encore par sa rédaction, sa division, son manque de méthode et d'ordre logique, constitue à nos yeux une mutilation douloureuse du Code civil. Il était cependant facile de suivre le Code civil, de modifier chacun des articles, d'abroger ceux qui n'avaient plus leur raison d'exister ; mais remplacer des articles qui sont abrogés et abroger des articles textuellement reproduits, cela manque de logique.

744 — **VIII. Motifs de la loi.** La loi nouvelle a été présentée avec le cliché habituel que l'on reproduit toutes les fois qu'il s'agit d'une loi profitable aux procéduriers ou aux financiers : — « Elle est réclamée par le monde des affaires..... ; elle est attendue avec impatience ». La vérité, c'est qu'elle n'était réclamée par personne en dehors de ceux qu'elle intéresse, et que son besoin ne se faisait aucunement sentir. La procédure du divorce, tel que le Code civil l'a organisée, a été en vigueur, chez nous de 1804 à 1816, et en Belgique depuis 1804, soit 82 ans ; pendant ce temps aucun grief n'a été formulé contre elle, et ceux sur lesquels on s'est fondé pour la modifier ont été imaginés pour les besoins de la cause. Nous allons le démontrer :

745 — La procédure du Code civil, a-t-on dit, était d'une application difficile, en ce que, contrairement à toutes les règles, elle obligeait le demandeur à une comparution personnelle à chaque acte de l'instance ; exigeait que le tribunal siége à chaque phase de la procédure comme lors de l'enquête, ce qui absorbait le temps des magistrats qu'il aurait été préférable d'employer plus utilement à l'expédition des affaires courantes ; enfin, une telle procédure entraînait pour les plaideurs des dépenses excessives. Il est nécessaire de s'appesantir sur chacune de ces hypothèses :

746 — 1° La comparution personnelle du demandeur pendant l'instance avait pour but de constater sa persistance dans son action. Sa volonté ne pouvait-elle pas faiblir de manière à conserver au mariage son indissolubilité, dans les cas surtout où les griefs n'avaient pas trop de gravité?

747 — 2° L'intervention constante du tribunal a duré en France pendant 12 ans et dure en Belgique depuis 82 ans; comment se fait-il que l'on s'en aperçoive aujourd'hui seulement? D'ailleurs se plaindre d'un travail trop prolongé est d'un mauvais exemple, à une époque où l'on est enclin à travailler le moins possible aux dépens de notre prospérité. Si le travail des tribunaux, en cas de besoin, était, comme le nôtre, de 12 heures par jour, il ferait face à toutes les exigences, aussi bien des actions en divorce que des autres affaires, et ces dernières, au lieu de durer un an, souvent deux, seraient jugées en moins de trois mois. — Les divers jugements que le tribunal avait à rendre, durant l'instance, avaient leur utilité, en raison de l'importance de l'action qui mettait en échec l'indissolubilité du mariage, d'où dérive la famille et, comme conséquence, l'ordre social.

748 — 3° Il n'est pas exact de dire que la procédure du Code civil entraînait des dépenses excessives que la loi nouvelle aura pour objet d'éviter. Tout le monde sait que ce qui coûte cher, trop cher pour plaider, c'est le ministère des avocats, des avoués, les nombreux actes sans utilité qu'ils se signifient. Mais, avec le Code civil, on avait la faculté de se passer d'avocats, d'avoués, même d'huissiers et, comme la justice est gratuite, nous nous demandons en quoi pouvaient consister les dépenses excessives dont parle l'exposé des motifs?

749 — Après ces observations, qu'il était de notre devoir de présenter, nous entrons dans les explications de la loi.

TITRE II.

DES RÈGLES GÉNÉRALES.

CHAPITRE PREMIER. — **Modifications apportées.**

ARTICLE PREMIER.

Les articles 234 à 252 et l'article 307 du Code civil sont remplacés par les dispositions suivantes.

SOMMAIRE.

750 — I. **Articles modifiés.** L'art. 1er consacre la mutilation que la loi nouvelle fait subir au Code. En réalité, ce ne sont pas seulement les articles 234 à 252 qui se trouvent remplacées, mais aussi les articles 253 à 274 dont les dispositions sont reproduites ou modifiées, en grande partie, par les nouveaux articles. Nous citerons notamment : les articles 259 et 260 remplacés par l'article 246, les articles 262 et 263 par l'article 248, les articles 264, 265 et 266 par les articles 251 et 252, les articles 267 et 268, par l'interminable article 238 et par l'article 240, l'article 269 par l'article 241, l'article 270 par l'article 242, l'article 271 par l'article 243, les articles 272 et 273 par l'article 244.

751 — II. **Numérotage.** Il était préférable de mentionner que les articles 234 à 274 sont remplacés par les articles 234 à 252 nouveaux. Mais il aurait mieux valu, puisqu'on sentait le besoin de modifier la procédure du divorce, répartir les dispositions nouvelles entre les articles 234 à 274, ce qui ne présentait aucune difficulté. Nos législateurs modernes n'y regardent pas de si près.

752 — III. **Dispositions maintenues.** Les dispositions qui font l'objet du titre 1er de notre commentaire ont été maintenues. Ainsi, les *causes du divorce* n'ont subi aucune modification, et les explications auxquelles elles ont donné lieu (n° 116 à 191 de notre *Commentaire*) continuent d'être applicables. — De même, le divorce continue d'être une cause de *dissolution du mariage* ; toutefois une innovation grave a été apportée, ce n'est plus à partir de la prononciation du divorce (n° 113 de notre *Commentaire*) que le mariage est dissous, c'est du jour de la demande en divorce par un effet rétroactif du jugement, *infra* n° 259.

CHAPITRE II. — Droit de former la demande.

SOMMAIRE.

I. Epoux.	IV. Aliéné. Conseil judiciaire.
II. Interdit judiciaire.	V. Héritiers. Créanciers.
III. Interdit légal.	

753 — I. **Epoux.** Le droit de former la demande appartient à chacun des deux époux, au mari aussi bien qu'à la femme (notre *Commentaire*, n°s 192 à 194).

754 — II. **Interdit judiciaire.** Le projet du gouvernement ainsi que celui de la commission portait, dans l'article 234 nouveau, un troisième paragraphe ainsi conçu : — « Le tuteur de la personne judiciairement interdite peut, avec l'autorisation du conseil de famille, présenter la requête à fin de divorce. » — L'article 234 n'ayant pas été voté au Sénat en première lecture, du moins les documents parlementaires n'en faisant pas mention, on ne s'explique pas pourquoi ce paragraphe n'a pas été reproduit en deuxième lecture ; quant à la Chambre

des députés, elle ne s'en est pas préoccupé. Cependant l'exposé des motifs, en reconnaissant que la doctrine et la jurisprudence admettent qu'une action en séparation de corps puisse être exercée au nom d'un interdit, déclare que des raisons puissantes exigent l'extension de cette solution pour les instances en divorce, qu'il s'agisse d'un interdit judiciaire ou d'un interdit légal. La commission du Sénat, de son côté, s'est ainsi exprimée : — « En lisant le paragraphe trois, vous verrez » qu'on n'a pas cru pouvoir laisser l'interdit en dehors de la loi du » divorce. Le soin de son honneur et celui de sa famille exigeait qu'il » en fût ainsi. La jurisprudence admet d'ailleurs, déjà, qu'on peut » demander pour l'interdit la séparation de corps ; il nous a paru que » le contrôle du conseil de famille et du ministère public garantissait » qu'il ne serait pas fait mauvais usage du droit de demander le » divorce. » — Il ne s'explique pas que ce paragraphe trois se soit perdu entre les deux délibérations du Sénat, sans qu'aucune trace en indique la cause. Voir *infra* n° 917.

755 — Quoi qu'il en soit, l'opinion qui admet que le divorce peut être demandé au nom de l'interdit judiciaire (notre *Commentaire*, n° 196), trouve un appui dans l'exposé des motifs et dans le rapport de la commission du Sénat.

756 — III. **Interdit légal.** Quant à l'interdit légal par suite de condamnation judiciaire, suivant le paragraphe trois de l'art. 234 (qui dans les projets du gouvernement et de la commission du Sénat forment le paragraphe quatre), le divorce peut être demandé par le tuteur, mais sur sa réquisition et avec son autorisation, *infra* n° 770.

757 — IV. **Aliéné.** — **Conseil judiciaire.** Voir notre *Commentaire*, n°ˢ 196 et 197.

758 — V. **Héritiers.** — **Créanciers.** Ibid., n°ˢ 198 et 199 et *infra* n° 857.

CHAPITRE III. — Compétence.

SOMMAIRE.

I. Domicile du mari.   IV. Exécution du jugement.
II. Compétence acquise.   V. Juridiction criminelle.
III. Epoux séparés de corps.

759 — I. **Domicile du mari.** L'article 234 du Code civil n'ayant pas été reproduit, l'action en divorce demeure dans le droit commun. Selon l'article 59 du Code de procédure, la compétence appartient au tribunal du domicile du mari. Si c'est la femme qui est demanderesse, c'est devant ce tribunal que l'action doit être formée. Il en est de même si le demandeur est le mari, même lorsque la femme a un domicile de fait (notre *Commentaire*, n° 200).

760 — II. **Compétence acquise.** La règle reproduite n° 201, sur la compétence acquise, notamment par l'effet de la comparution du mari devant le président sans invoquer l'incompétence du tribunal, a été résolue de nouveau par la jurisprudence (*Répert.*, art. 3193).

761 — III. **Epoux séparés de corps. — Conversion en divorce.** Voir notre *Commentaire*, n°ˢ 202 et 203.

762 — IV. **Exécution du jugement.** Ibid., n° 204.

763 — V. **Juridiction criminelle.** L'article 235 n'ayant pas été reproduit, si des faits allégués donnent lieu à une poursuite criminelle, il appartient au tribunal, saisi de l'action en divorce, de suspendre l'instance jusqu'après la décision de la juridiction répressive ou de la laisser se continuer. Nos explications données n°ˢ 205 à 207 demeurent, par suite, sans objet.

TITRE III.

DE LA PROCÉDURE.

CHAPITRE PREMIER. — **Introduction de l'instance.**

Art. 234. L'époux qui veut former une demande en divorce présente, en personne, sa requête au président du tribunal ou au juge qui en fait fonctions.

En cas d'empêchement dûment constaté, le magistrat se transporte, assisté de son greffier, au domicile de l'époux demandeur.

En cas d'interdiction légale résultant d'une condamnation, la requête à fin de divorce ne peut être présentée par le tuteur que sur la réquisition ou avec l'autorisation de l'interdit.

SOMMAIRE.

I. Principe.	V. Avoués. Huissiers.
II. Requête. Remise.	VI. Empêchement. Transport.
III. Griefs.	VII. Interdiction légale.
IV. Pièces à l'appui.	

764 — I. **Principe.** Le Code civil, comme nous l'avons dit, n° 208 de notre *Commentaire*, dans le but de conserver un secret absolu sur les causes de dissensions entre époux, permettait à l'époux demandeur de rédiger lui-même sa demande, sans recourir au ministère de l'avoué,

et l'obligeait à en faire personnellement la remise au président du tribunal. Cette disposition permettait de recourir directement aux sages conseils d'un magistrat sans que le conjoint offensé eût ébruité autrement ses griefs, fondés ou non, et il était possible que les exhortations du magistrat le décidassent à ne pas donner suite à ses projets. D'après la loi nouvelle, ou du moins suivant ce qui est dit dans l'exposé des motifs et le rapport de la commission du Sénat, la requête doit nécessairement être rédigée et signée par un avoué, ce qui place l'époux offensé dans une toute autre condition. Nous aurions préféré, dans un intérêt d'ordre social, que le premier système fût maintenu.

765 — II. **Requête. — Remise.** La requête, rédigée par un avoué, est présentée par le demandeur en personne, au président du tribunal ou au juge qui en fait fonctions (notre *Commentaire*, n° 213).

766 — III. **Griefs.** Il suffit qu'elle indique les griefs, sans qu'il soit nécessaire, comme l'exigeait l'ancien article 236, qu'elle détaille les faits d'une manière précise. Les griefs invoqués dans la requête ne font pas obstacle à ce qu'il en soit articulé d'autres pendant l'instance.

767 — IV. **Pièces à l'appui.** La loi n'exige plus que les pièces à l'appui, s'il y en a, accompagnent la demande (notre *Commentaire*, n° 210).

768 — V. **Avoués. — Huissiers.** Le ministère des avoués est exigé pour postuler devant le tribunal sur l'action en divorce et celui des huissiers pour la signification de tous les actes de la procédure, ce qui auparavant n'était pas obligatoire (*Ibid.*, n° 211 et 212).

769 — VI. **Empêchement. — Transport.** L'ancien article 236 portait qu'en cas d'empêchement par maladie constatée par un certificat de médecins, le magistrat, sur la réquisition du demandeur, devait se transporter à son domicile. Suivant le nouvel article, c'est dans tous les cas d'empêchement, à la condition qu'il soit constaté, que ce magistrat doit se transporter, assisté du greffier, au domicile du demandeur pour recevoir sa requête.

770 — VII. **Interdiction légale.** Si l'époux offensé est en état d'interdiction légale, comme le divorce est attaché exclusivement à la personne, et qu'il est en état de manifester sa volonté, c'est seulement sur sa réquisition et avec son autorisation que le tuteur à l'interdiction a qualité pour présenter la requête à fin de divorce.

ART. 235. Le juge, après avoir entendu le demandeur et lui avoir fait les observations qu'il croit convenable, ordonne au bas de la requête que les parties comparaîtront devant lui au jour et à l'heure qu'il indique, et commet un huissier pour notifier la citation.

SOMMAIRE.

I. Principe.

II. Demandeur entendu.

III. Ordonnance.

IV. Jour et heure.

V. Huissier commis.

771 — I. **Principe**. L'article 235 est formé des articles 237 et 238 anciens : on a retranché de l'article 237 le paraphe des pièces, dont la production n'est plus exigée, ainsi que le procès-verbal spécial de remise; et de l'article 238 la comparution en personne et l'envoi au défendeur de la copie de l'ordonnance.

772 — II. **Demandeur entendu**. Le demandeur, après avoir remis en personne sa requête au président du tribunal, est entendu par ce magistrat sur les causes à raison desquelles il fonde sa demande, afin qu'il puisse lui être fait des observations sur l'action qu'il se propose d'intenter. Cette formalité constitue le premier essai de conciliation.

773 — III. **Ordonnance**. Le président, ou le juge qui en fait les fonctions (notre *Commentaire*, n° 246), ordonne au bas de la requête que les parties comparaîtront devant lui, au jour et à l'heure qu'il indique. Cette ordonnance remplace le procès-verbal que prescrivait l'ancien article 237. Le président peut dresser le procès-verbal sans l'assistance du greffier; mais cette assistance ne serait pas une cause de nullité (*Ibid.*, n° 215).

774 — IV. **Jour et heure**. Voir notre *Commentaire*, n° 218.

775 — V. **Huissier commis**. L'ancien article 238 prescrivait l'envoi par le président de la copie de l'ordonnance, à la partie contre laquelle le divorce est demandé, et l'on décidait que le ministère d'un huissier n'était pas nécessaire (*Ibid.*, n° 217). La disposition nouvelle exige qu'un huissier soit commis pour notifier la citation à comparaître.

ART. 236. Le juge peut, par l'ordonnance permettant de citer, autoriser l'époux demandeur à résider séparément, en indiquant, s'il s'agit de la femme, le lieu de la résidence provisoire.

SOMMAIRE.

I. Principe.

II. Mari.

III. Femme.

IV. Lieu de résidence.

V. Appel.

VI. Signification à la femme.

776 — I. **Principe**. La citation à fin de comparaître doit jeter un trouble de nature à rendre la cohabitation pénible, parfois dangereuse; presque toujours la séparation de fait se produisant dès ce premier acte, il a paru préférable d'accorder au juge le droit de la faire cesser.

Il appartient donc au président d'autoriser le demandeur, surtout si c'est la femme, à prendre provisoirement un domicile séparé. Sous l'ancienne législation (art. 268), cette mesure devait être ordonnée par le tribunal et non par le président (notre *Commentaire*, n° 400).

777 — II. **Mari.** Quand le demandeur est le mari, le président peut ordonner que la femme sera tenue de cesser l'habitation commune et lui fixer une résidence en dehors du domicile conjugal (*Ibid.*, n° 399).

778 — III. **Femme.** Si c'est la femme qui est demanderesse, le président indique la demeure où elle sera tenue d'habiter ; il peut même, dans l'intérêt de la famille, si elle exerce personnellement un commerce, l'autoriser à résider au domicile conjugal et à en expulser le mari. Cette faculté, qui était admise par la jurisprudence (*Ibid.*, n° 403), a été reconnue par l'exposé des motifs et le rapport de la commission du Sénat ; avec cette restriction, toutefois, qu'on ne pourra imposer une résidence déterminée au mari, dont le choix reste libre.

779 — IV. **Lieu de résidence.** Voir notre *Commentaire*, n°ˢ 401 et 402.

780 — V. **Appel.** Voir *Ibid.*, n° 405.

781 — VI. **Signification à la femme.** Voir *Ibid.*, n° 406.

ART. 237. La requête et l'ordonnance sont signifiées en tête de la citation donnée à l'époux défendeur trois jours au moins avant le jour fixé pour la comparution, outre les délais de distance, le tout à peine de nullité.

Cette citation est délivrée par huissier commis et sous pli fermé.

SOMMAIRE.

I. Citation à comparaître.	IV. Pli fermé.
II. Délai.	V. Parlant à …
III. Nullité.	

782 — I. **Citation à comparaître.** Sous la loi ancienne, indépendamment de l'envoi de la copie de l'ordonnance, le défendeur devait être cité à comparaître (notre *Commentaire*, n° 219). Aujourd'hui les deux formalités sont confondues dans l'exploit de l'huissier commis.

783 — II. **Délai.** L'article 238 ancien ne contenait pas d'indication de délai ; il a paru utile de le fixer à une date rapprochée, trois jours au moins, outre les délais de distance.

784 — III. **Nullité.** La citation et les copies qu'elle doit renfermer sont prescrites à peine de nullité.

785 — IV. **Pli fermé.** L'usage du pli fermé n'aura une réelle valeur qu'autant que l'envoi de l'exploit sera fait par lettre recommandée, par

conséquent sans le *parlant à...* dont l'utilité est plus que douteuse. D'ailleurs, le *parlant à...* serait avantageusement remplacé par le récépissé du destinataire sur le carnet du facteur. Le pli fermé évite les indiscrétions des concierges ou gens de service auxquels les exploits sont ordinairement remis, elles seraient plus évitées si l'envoi avait lieu par lettre recommandée.

786 — V. **Parlant à...** On s'est demandé ou sera inscrite la mention du *parlant à...* prescrite par l'article 61 du Code de procédure ? L'exposé des motifs renvoie à une instruction du département de la justice d'accord avec la direction générale de l'enregistrement qui, au moment où nous écrivons, n'a pas encore parue. Suivant une instruction de la chambre des avoués de Paris, l'huissier remédiera à la lacune de la loi sur ce point en ne fermant l'enveloppe qu'après avoir parlé à la personne elle-même, à son domestique ou au concierge, ce qui lui permettra de mentionner le *parlant à...* sur la copie comme sur l'original et de satisfaire ainsi à la double exigence du Code de procédure et de la loi nouvelle ; il devra mentionner aussi que la copie est remise sous pli fermé. — Le mieux aurait été, avec cette mention de remise, de remplacer le *parlant à...* par le pli recommandé.

CHAPITRE II. — **Instruction de la demande.**

ART. 238. Au jour indiqué, le juge entend les parties en personne ; si l'une d'elles se trouve dans l'impossibilité de se rendre auprès du juge, ce magistrat détermine le lieu où sera tentée la conciliation, ou donne commission pour entendre le défendeur ; en cas de non conciliation ou de défaut, il rend une ordonnance qui constate la non conciliation ou le défaut et autorise le demandeur à assigner devant le tribunal.

Le juge statue, à nouveau, s'il y a lieu, sur la résidence de l'époux demandeur, sur la garde provisoire des enfants, sur la remise des effets personnels, et il a la faculté de statuer également, s'il y a lieu, sur la demande d'aliments.

Cette ordonnance est exécutoire par provision ; elle est susceptible d'appel dans les délais fixés par l'article 809 du Code de procédure.

Par le fait de cette ordonnance, la femme est autorisée

à faire toutes procédures pour la conservation de ses droits et à ester en justice jusqu'à la fin de l'instance et des opérations qui en sont les suites.

Lorsque le tribunal est saisi, les mesures provisoires prescrites par le juge peuvent être modifiées ou complétées au cours de l'instance, par jugement du tribunal, sans préjudice du droit qu'a toujours le juge de statuer, en tout état de cause, en référé, sur la résidence de la femme.

Le juge, suivant les circonstances, avant d'autoriser le demandeur à citer, peut ajourner les parties à un délai qui n'excède pas vingt jours, sauf à ordonner les mesures provisoires nécessaires.

L'époux demandeur en divorce devra user de la permission de citer qui lui a été accordée par l'ordonnance du président, dans un délai de vingt jours à partir de cette ordonnance.

Faute par l'époux demandeur d'avoir usé de cette permission dans ledit délai, les mesures provisoires ordonnées à son profit cesseront de plein droit.

SOMMAIRE.

787 — I. **Généralité.** L'article 238 aurait dû, si une bonne méthode avait été observée, faire l'objet de plusieurs articles, ce qui aurait permis une meilleure division de la loi nouvelle et, en même temps, évité en tout ou en partie l'abrogation des articles 253 à 274 qui, en réalité, ne sont pas abrogés, mais les uns reproduits et les autres modifiés. En effet, l'article 238, à lui seul, contient, indépendamment de certaines dispositions nouvelles, celles des articles 239, 240, 241, 267 et 268.

788 — II. **Division.** La diffusion de cet article nous oblige, pour l'expliquer clairement, à le diviser par paragraphes.

§ I. *Préliminaires de conciliation.*

789 — III. **Comparution.** La comparution devant le président, ainsi que nous l'avons dit dans notre précédent *Commentaire*, n° 222, est prescrite d'une façon impérative, et si elle ne pouvait avoir lieu par un fait imputable au demandeur, ce fait entraînerait la nullité de la procédure.

790 — IV. **Non comparution.** Si le demandeur ne se présente pas, sa non comparution équivaut à un désistement, sauf à renouveler sa demande. Quant au défendeur, s'il ne se présente pas, il est prononcé défaut contre lui et le président passe outre (notre *Commentaire*, n° 222).

791 — V. **Transport du magistrat.** Si l'une des parties se trouve dans l'impossibilité, *supra* n° 769, de/ se rendre auprès du juge et néanmoins désire comparaître devant lui, ce magistrat détermine le lieu et l'heure où sera tentée la conciliation. Une citation spéciale est nécessaire.

792 — VI. **Commission rogatoire.** Si le défendeur veut être entendu, mais ne peut se présenter pour cause d'éloignement ou autre empêchement, le président donne commission rogatoire pour l'entendre. Cette disposition, ainsi qu'on l'a dit dans l'exposé des motifs de la loi, s'applique au défendeur seul. Quant au demandeur, il doit comparaître devant le président, soit dans le cabinet de ce magistrat, soit, en cas d'empêchement, au lieu qu'il a déterminé ; s'il est éloigné et se trouve dans l'impossibilité de comparaître de l'une de ces deux manières, l'action, comme cela a été jugé, doit être suspendue jusqu'à ce qu'il soit en état de comparaître (Alger, 2 février 1885 ; *Répert.*, 2621).

793 — VII. **Avoués. — Conseils.** Voir notre *Commentaire*, n° 220.

794 — VIII. **Demande reconventionnelle.** La demande reconventionnelle en divorce ou en séparation de corps pouvant se produire à toute époque pendant l'instance, *infra* n° 823, est dispensée du préliminaire de conciliation. Voir *Ibid.*, n° 223.

795 — IX. **Réconciliation.** Si la comparution amène une réconciliation entre les époux, l'instance est éteinte. Voir *Ibid.*, n° 225.

796 — X. **Non conciliation.** — **Défaut.** Quand le magistrat ne parvient pas à réconcilier les époux ou si le défendeur fait défaut, il rend une ordonnance de non conciliation. Voir *Ibid.*, n°s 226 et 227.

797 — XI. **Permis de citer.** — Par cette même ordonnance, le président autorise le demandeur à assigner son conjoint devant le président. Sous la précédente législation, la non conciliation et le procès-verbal dressé pour la constater constituaient la dernière formalité à accomplir par le président et se trouvaient être le point de départ de l'instance soumise au tribunal (notre *Commentaire*, n° 226). La loi nouvelle a conféré au président l'instruction de l'instance qui, auparavant, était de la compétence du tribunal. Il n'y a donc plus lieu, comme le prescrivait l'article 240 ancien, de recourir au tribunal pour le permis de citer.

§ II. *Mesures provisoires.*

798 — XII. **Résidence.** Le juge après la tentative de conciliation statue à nouveau, s'il y a lieu, sur la résidence de l'époux demandeur. Voir sur ce point ce que nous avons dit *supra*, n°s 776 à 778.

799 — XIII. **Garde des enfants.** Le juge statue aussi sur la garde des enfants. Le père n'a plus de plein droit l'administration provisoire des enfants, à moins qu'il n'en fut autrement ordonné, comme le portait l'article 267 que la loi nouvelle a abrogé. Il faut donc que l'ordonnance du président indique celui des époux qui aura la garde des enfants ou la maison d'éducation dans laquelle ils seront placés, en fixant les droits des époux pour les visites et les sorties. Nous entrerons dans plus d'explications à ce sujet, *infra* n°s 828 et suiv.

800 — XIV. **Effets personnels.** La loi précédente ne contenait aucune disposition sur la remise des effets personnels de la femme; cependant il était admis qu'elle avait le droit de les emporter en vertu d'une décision du tribunal ou, en cas d'urgence, d'un référé devant le président (notre *Commentaire*, n° 418). La loi nouvelle confère ce pouvoir au président.

801 — XV. **Provision alimentaire.** Le président statue aussi provisoirement sur la pension alimentaire à servir pendant l'instance à la femme (notre *Commentaire*, n°s 467 et 468), et même au mari par la femme si c'est lui qui se trouve dans le besoin (*Ibid.*, n° 411).

802 — XVI. **Tribunal saisi.** Le président est dessaisi de l'instruction sur la demande en divorce par le fait seul qu'il a accordé le permis de citer. A partir de l'ordonnance qu'il a rendue à ce sujet, le tribunal est saisi de l'action, et si des mesures provisoires sont à prendre ou quand une modification ou un complément doivent être

apportés à celles prescrites par le président, c'est le tribunal qui doit en connaître.

803 — XVII. **Référé. — Résidence**. Toutefois, le juge du référé, en tout état de cause, a toujours le droit de statuer sur tout litige relatif à la résidence de la femme, mais non sur une autre mesure provisoire.

§ III. *Exécution.*

804 — XVIII. **Par provision**. Les mesures relatives à la résidence de la femme, à la garde des enfants, aux effets personnels et à la provision alimentaire, ont un caractère d'urgence qui ne permet pas que leur exécution soit différée. En raison de cela l'ordonnance sur ces divers points est exécutoire par provision, nonobstant appel.

805 — XIX. **Appel**. Comme l'ordonnance est susceptible de faire grief à l'un des époux, chacun d'eux a le droit d'en appeler devant la cour d'appel, dans le délai de l'article 809 du Code de procédure, c'est-à-dire même avant le délai de huitaine à dater de l'ordonnance et, en tout cas, avant l'expiration du délai de quinzaine à dater du jour de la signification de l'ordonnance. L'appel est jugé sommairement et sans procédure.

§ IV. *Autorisation de la femme.*

806 — XX. **De plein droit**. Sous la législation précédente, on décidait que l'autorisation donnée à la femme par le président de procéder sur sa demande, l'habilitait à l'effet de faire tous les actes qui en sont la conséquence ou la suite (notre *Commentaire*, nᵒˢ 193 et 620). La loi nouvelle, par le quatrième paragraphe de l'article 238, consacre cette règle.

807 — XXI. **Extension**. L'autorisation conférée à la femme n'est pas restreinte aux actes de procédure sur l'action en première instance et devant la cour d'appel; elle s'étend à toutes les opérations, par conséquent elle a le droit, sans nouvelle autorisation, de plaider, d'appeler, de requérir toutes mesures provisoires ou conservatoires et généralement de faire tout ce qui se rattache, par un lien quelconque, à l'action en divorce.

§ V. *Ajournement.*

808 — XXII. **Principe**. Le principe pour le juge, du droit d'ajourner les parties pendant un certain temps, a été posé dans notre *Commentaire*, nᵒ 228. Suivant l'article 240 ancien, la faculté de surseoir appartenait au tribunal est non pas au président (notre *Commentaire*, nᵒ 224); la loi nouvelle a conféré ce droit au juge chargé du préliminaire de conciliation.

809 — XXIII. **Epoque**. Puisque l'ajournement forme un obstacle au

droit de citer, il va de soi qu'il doit être prononcé avant que le demandeur ait été autorisé à citer.

810 — XXIV. **Délai.** La suspension, ainsi que cela résultait déjà de l'article 240 ancien, ne peut excéder le délai de vingt jours.

811 — XXV. **Refus de permission.** La faculté accordée au juge d'ajourner les parties pendant un délai de vingt jours, ne saurait emporter pour le juge le droit de refuser la permission de citer (notre *Commentaire*, n° 232).

812 — XXVI. **Mesures provisoires.** En raison de l'urgence des mesures provisoires, *supra* n° 804, le juge, en ajournant les parties, a le pouvoir d'ordonner celles qui lui paraissent nécessaires.

813 — XXVII. **Appel.** Ainsi que nous l'avons dit, n° 233 de notre *Commentaire*, il peut être interjeté appel de la décision qui accorde ou suspend la permission de citer (*adde*, trib. Oran, 23 nov. 1885; *Rép.*, 2978).

§ VI. Citation.

814 — XXVIII. **Forme.** La citation après la permission obtenue a lieu par huissier, qui n'a pas besoin d'être commis, dans la forme ordinaire des ajournements (C. proc., 61), et à huitaine, conformément à l'article 72 (notre *Commentaire*, n° 234). L'exploit doit être remis avec le *parlant à* ordinaire et non pas sous pli fermé. Il n'est plus nécessaire de copier en tête la demande en divorce et les pièces justificatives (*Ibid.*, n° 235).

815 — XXIX. **Délai.** La citation doit être signifiée dans les vingt jours de la date de l'ordonnance.

816 — XXX. **Domicile.** Voir notre *Commentaire*, n° 236.

817 — XXXI. **Défaut de citation.** Si le demandeur n'a pas cité son conjoint dans le délai de vingt jours, il n'est pas pour cela déchu de la demande, mais les mesures provisoires ordonnées à son profit cessent de plein droit.

CHAPITRE III. — **Procédure devant le tribunal.**

§ I. Instruction de la demande.

ART. 239. La cause est instruite et jugée dans la forme ordinaire, le ministère public entendu.

Le demandeur peut, en tout état de cause, transformer sa demande en divorce en demande en séparation de corps.

Les demandes réconventionnelles en divorce peuvent être introduites par un simple acte de conclusions.

Les tribunaux peuvent ordonner le huit clos.

La reproduction des débats par la voie de la presse, dans les instances en divorce, est interdite, sous peine de l'amende de 100 à 2,000 francs, édictée par l'article 39 de la loi du 30 juillet 1881.

SOMMAIRE.

818 — I. **Principes.** La législation précédente, dans le but très louable d'entourer l'action en divorce de formes solennelles qui en rendent l'accès difficile, exigeait que le défendeur fût cité à comparaître en personne à l'audience à huis clos (art. 241) ; — puis, que le défendeur comparaisse ou non, obligeait le demandeur en personne à exposer ou faire exposer les motifs de sa demande, représenter les pièces l'appuyant et nommer ses témoins (art. 242) ; — le défendeur, à l'audience à huis clos, s'il comparaissait en personne ou par un fondé de pouvoirs, présentait ou faisait présenter ses observations et nommait ses témoins (art. 243) ; — il était du tout dressé procès-verbal, ainsi que des aveux que l'un ou l'autre pouvait faire (art. 244). Les articles 241 à 244 ayant été entièrement modifiés, les explications que nous avons données sous ces articles deviennent sans objet.

819 — Les comparutions personnelles à huis clos, les observations des parties, les nominations des témoins, les reproches sur ces témoins étaient de nature à décourager le demandeur ; en outre, cette audience à huis clos, où les parties se trouvaient en présence, ne pouvait-elle pas amener une réconciliation qui est toujours désirable? Pourra-t-il en être de même maintenant que la procédure sera menée exclusivement par les avoués?

820 — II. **Procédure ordinaire.** Après la citation, qui constitue un ajournement, les règles de la procédure ordinaire doivent être observées comme s'il s'agissait de tout autre litige. Nous n'avons pas à les développer ici.

821 — Les articles 245 à 248 anciens, que la loi nouvelle a abrogés, réglaient ainsi le mode de procédure à l'audience : le tribunal renvoyait les parties à l'audience publique, ordonnait la communication au ministère public et commettait un rapporteur (art. 245) ; — au jour et à l'heure indiqués, sur le rapport du juge commis et les conclusions du ministère public, le tribunal statuait sur les fins de non recevoir, puis décidait s'il y avait lieu d'admettre la demande ou de la rejeter

(art. 246); — si la demande était admise, le tribunal statuait au fond, et si l'affaire n'était pas en état d'être jugée, ordonnait l'enquête (art. 247); — à chaque acte de la cause, les parties étaient admises à proposer ou faire proposer leurs moyens respectifs (art. 248). Ces articles ayant été abrogés, leurs développements donnés sous les n⁰ˢ 253 à 276 de notre *Commentaire* deviennent sans objet.

822 — III. **Transformation en demande en séparation.** L'époux offensé avait le choix, à l'origine, entre le divorce et la séparation de corps; ce choix lui est maintenu pendant toute l'instance. Il peut donc, en tout état de cause, même en appel, transformer sa demande en divorce en demande en séparation de corps. Quant au défendeur, il n'a pas le choix entre l'une ou l'autre action et ne saurait soutenir que les griefs articulés sont insuffisants pour la prononciation du divorce et que la séparation doit suffire; mais sur une action en divorce, il peut reconventionnellement demander la séparation de corps.

823 — IV. **Demandes reconventionnelles.** Sous la législation précédente, afin de conserver à l'action sa solennité de forme, les demandes reconventionnelles, suivant l'opinion générale, devaient être formées par action principale et non au moyen de conclusions (notre *Commentaire*, n⁰ 351); en outre, les préliminaires de conciliation étaient exigés (*Ibid.*, n⁰ 357). L'article 239 nouveau, en soumettant l'instance aux règles ordinaires, permet de les introduire par un simple acte de conclusions.

824 — Toutefois si, sur une action en séparation de corps, le défendeur demande reconventionnellement le divorce, comme ce cas n'est pas prévu par le paragraphe 3 de l'article 239, les formes ordinaires doivent être observées pour la seconde demande, car, en réalité, il y a deux demandes principales, et la procédure spéciale à chacune d'elles doit être suivie; sauf au tribunal, quand les deux affaires sont en état, à statuer par un seul et même jugement (Exposé des motifs, et discussion au Sénat). Il y a donc lieu à une demande principale en divorce, aux préliminaires de conciliation et à l'ordonnance accordant la permission de citer.

825 — V. **Huis clos.** Il appartient aux magistrats d'ordonner le huis clos si les bonnes mœurs sont intéressées à ce que l'audience ne soit pas publique.

826 — VI. **Poursuite en cas de condamnation.** Suivant l'article 261 ancien, lorsque le divorce était demandé par la raison qu'un des époux avait été condamné à une peine afflictive et infamante, le divorce était prononcé sur une simple requête et la justification que la condamnation était devenue définitive. Il y avait là quelque chose de très juste, mais que les procéduriers ont trouvé trop sommaire; pour leur donner satisfaction, cette procédure n'a pas été maintenue, de sorte

que, maintenant, la demande de divorce basée sur l'article 232 doit être instruite et jugée en la forme ordinaire. Quand l'époux condamné aura été transporté en Calédonie ou dans d'autres pays lointains, les difficultés pour son conjoint de demander le divorce seront telles qu'elles constitueront un véritable déni de justice. — Les explications sur l'article 261 données dans notre *Commentaire*, nᵒˢ 311 à 314, deviennent sans objet par suite de son abrogation.

827 — VII. **Publicité.** Le dernier paragraphe de l'article 239 est la reproduction de l'article 3 de la loi du 27 juillet 1884, dont nous avons fait le commentaire sous le nᵒ 478.

§ II. Garde des enfants. Aliments. Provision.

ART. 240. Le tribunal peut, soit sur la demande de l'une des parties intéressées, soit sur celle de l'un des membres de la famille, soit sur les réquisitions du ministère public, soit même d'office, ordonner toutes les mesures provisoires qui lui paraissent nécessaires dans l'intérêt des enfants.

Il statue aussi sur les demandes relatives aux aliments pour la durée de l'instance, sur les provisions et sur toutes les autres mesures urgentes.

SOMMAIRE.

I. Enfants.	VI. Provision pour frais.
II. Demande.	VII. Poursuites à fin de payement.
III. Garde.	VIII. Récompense pour pension ou provision.
IV. Renvois.	
V. Aliments.	IX. Autres mesures urgentes.

828 — I. **Enfants.** Ainsi que nous l'avons déjà dit, *supra* nᵒ 146, l'action en divorce fait, dans une certaine mesure, échec à l'autorité paternelle, et le juge conciliateur d'abord, puis le tribunal doivent ordonner les mesures nécessaires dans leur intérêt. Voir notre *Commentaire*, nᵒˢ 389 à 391.

829 — II. **Demande.** Les mesures concernant l'intérêt des enfants peuvent être provoquées soit par l'une des parties intéressées, demanderesse ou défenderesse, soit par l'un des membres de la famille ainsi que nous avons été seul à le soutenir dans notre *Commentaire*, nᵒ 392, soit sur les réquisitions du ministère public; le tribunal peut même d'office les ordonner.

830 — III. **Garde.** Il appartient au tribunal de décider que la garde des enfants appartiendra soit au père, soit à la mère, soit à un grand

parent, soit même à un tiers, par exemple, un maître ou une maîtresse d'éducation. Dans tous les cas, le tribunal règle les droits des père et mère et des grands parents pour les visites aux enfants et leurs sorties mensuelles ou aux vacances (notre *Commentaire*, n° 397).

831 — IV. **Renvois**. Voir notre *Commentaire :* sur les modifications à apporter relativement à la garde des enfants, n° 394 ; — sur les droits d'interjeter appel, n° 395 ; — sur les moyens d'exécution, n° 396 ; — et sur les cas d'émancipation, n° 398.

832 — V. **Aliments**. En ce qui concerne la provision alimentaire allouée pendant l'instance à la femme, et quelquefois au mari, nous ne pouvons que nous référer à notre *Commentaire*, n°ˢ 407, 408, 410, 411, 412, 413 et 415.

833 — VI. **Provision pour frais**. La législation précédente ne contenait aucune disposition relativement à la provision à allouer à la femme et parfois au mari, pour faire face aux frais du procès. Mais l'on décidait qu'une provision pour cette cause devait être arbitrée par le tribunal et versée à l'époux qui en avait besoin. La loi nouvelle porte que le tribunal statue sur les provisions. — La compétence sur ce point n'appartient pas au juge conciliateur qui n'a point à en connaître, mais au tribunal après que l'instance se trouve liée. Ce que nous avons dit n°ˢ 409, 410 et 411 continue d'être applicable.

834 — VII. **Poursuites à fin de payement**. Voir *Ibid.*, n° 414.

835 — VIII. **Récompense pour pension ou provision**. Voir *Ibid.*, n°ˢ 416 et 417.

836 — IX. **Autres mesures urgentes**. Le tribunal connaît aussi de toutes les autres mesures urgentes qui peuvent devenir nécessaires pendant l'instance ; par exemple, celles relatives à une saisie-arrêt, les difficultés sur l'inventaire, une successsion échue à la femme, les actes du mari susceptibles d'être critiqués, etc.

§ III. Résidence.

Art. 241. La femme est tenue de justifier de sa résidence dans la maison indiquée, toutes les fois qu'elle en est requise ; à défaut de cette justification, le mari peut refuser la provision alimentaire, et, si la femme est demanderesse en divorce, la faire déclarer non recevable à continuer ses poursuites.

837 — **Renvoi**. Cet article est la reproduction de l'ancien article 269, dont le commentaire a été fait par les n°ˢ 419 à 424, auxquels nous renvoyons.

§ IV. *Mesures conservatoires. Scellés. Inventaire.*

Art. 242. L'un ou l'autre des époux peut, dès la première ordonnance et sur l'autorisation du juge, donnée à la charge d'en référer, prendre pour la garantie de ses droits des mesures conservatoires, notamment requérir l'apposition des scellés sur les biens de la communauté.

Le même droit appartient à la femme même non commune, pour la conservation de ceux de ses biens dont le mari a l'administration ou la jouissance.

Les scellés sont levés à la requête de la partie la plus diligente, les objets et valeurs sont inventoriés et prisés, l'époux qui est en possession en est constitué gardien judiciaire, à moins qu'il n'en soit décidé autrement.

SOMMAIRE.

<table>
<tr><td>I. Généralités.</td><td>VIII. Choix du notaire.</td></tr>
<tr><td>II. Mesures conservatoires.</td><td>IX. Objets inventoriés, lettres missives.</td></tr>
<tr><td>III. Saisie arrêt; opposition.</td><td>X Gardien des objets.</td></tr>
<tr><td>IV. Scellés, régimes divers.</td><td>XI. Séquestre, caution.</td></tr>
<tr><td>V. Apposition des scellés.</td><td>XII. Inventaire sans scellés.</td></tr>
<tr><td>VI. Effets à y comprendre.</td><td>XIII. Détournement frauduleux.</td></tr>
<tr><td>VII. Inventaire, réquisition.</td><td>XIV. Succession échue à la femme.</td></tr>
</table>

838 — **I. Généralités.** L'article 242 apporte à l'article 270 qu'il remplace, des modifications auxquelles nous ne saurions donner notre approbation : sous la législation précédente, on considérait que les mesures conservatoires intéressaient surtout la femme ; elle seule, en effet, y a intérêt puisque, sauf de rares exceptions, le mari conserve l'administration des biens de la communauté et de ceux personnels à la femme. La loi nouvelle confère à l'un et à l'autre des époux le droit de requérir les mesures conservatoires.

839 — Les actes conservatoires que la femme avait la faculté de faire, étaient dus à sa seule initiative, sans qu'elle eut besoin d'autre autorisation que celle générale donnée par le juge dès le début de l'instance (notre *Commentaire*, n° 426). Aujourd'hui, le mari et la femme sont sous la tutelle du juge ; pour le moindre acte conservatoire une ordonnance est exigée, nécessairement elle est précédée d'une requête de l'avoué et en raison de cela, très souvent, il y aura lieu à référé. Que de frais inutiles ! et l'exposé des motifs dit que la législation nouvelle a pour objet une diminution des frais ! !

840 — II. **Mesures conservatoires**. Ces mots comprennent tous les actes que l'un ou l'autre des époux peuvent faire relativement aux biens, pour la conservation de leurs droits vis-à-vis de chacun d'eux. Pour tous ces actes, il faut recourir à l'ordonnance du président ; souvent elle paralysera l'action des parties, car une certaine hésitation se produit toujours quand, pour faire un acte, une autorisation de justice est nécessaire.

841 — III. **Saisie-arrêt. — Opposition**. La femme, ainsi que nous l'avons dit n°s 436 et 437 de notre *Commentaire*, est en droit de former des saisies-arrêts aux mains des débiteurs de la communauté et même, dans certains cas, de s'opposer à ce que des débiteurs fassent au mari le remboursement de créances, à la condition d'obtenir l'autorisation de justice.

842 — IV. **Scellés. — Régimes divers**. Voir notre *Commentaire*, n° 427.

843 — V. **Apposition des scellés**. L'article 270 donnait à la femme seule le droit de faire apposer les scellés ; le mari ne pouvait recourir à cette mesure qu'en cas de détournement (*Ibid.*, n° 429). Le droit que la loi confère au mari, aussi bien qu'à la femme, de faire apposer les scellés sur *les effets de la communauté* s'explique difficilement, puisque ces objets, même lorsque la femme conserve sa résidence au domicile conjugal, *supra* n° 778, demeurent pendant l'instance sous l'administration du mari.

844 — VI. **Effets à y comprendre**. Si les scellés sont requis par le mari, ils ne doivent être apposés que sur les effets communs. Quant à la femme, même non commune, elle a le droit de les requérir pour la conservation de ceux de ses biens dont le mari a l'administration et la jouissance. La doctrine et la jurisprudence, sous la législation précédente, étaient dans ce sens (notre *Commentaire*, n°s 425, 427, 428).

845 — VII. **Inventaire. — Réquisition**. L'article 270 ancien portait que les scellés ne seront levés qu'en faisant inventaire avec prisée, ce qui semblait conférer au mari seul le droit de le requérir ; c'est en ce sens que nous nous sommes prononcé dans notre *Commentaire*, n° 429. Mais l'article 242 nouveau dit que les scellés seront levés à la requête de la partie la plus diligente et donne ainsi au plus diligent, même la femme, le droit de requérir l'inventaire.

846 — VIII. **Choix du notaire**. Nous sommes toujours d'avis, ainsi que nous l'avons soutenu, n° 430 de notre *Commentaire*, que lorsque l'inventaire est requis par le mari et la femme, mariés en communauté, c'est au mari qu'appartient le choix du notaire (*Répert.*, art. 3029).

847 — IX. **Objets à inventorier. — Lettres missives**. Lors de la levée des scellés, les objets et valeurs sont inventorisés et prisés. Voir sur ce point notre *Commentaire*, n°s 431 et 432.

848 — X. **Gardien des objets.** L'article 270 ancien obligeait le mari à représenter les choses inventoriées ou à répondre de leur valeur, comme gardien judiciaire. L'article 242 nouveau, en disposant que l'époux détenteur des objets en est constitué gardien judiciaire, modifie cette règle. L'article ajoute : « à moins qu'il n'en soit décidé autrement », et, par là, prévoit des difficultés qui trop souvent se produiront au détriment des parties.

849 — XI. **Séquestre. — Caution.** Voir notre *Commentaire*, n° 434.

850 — XII. **Inventaire sans scellés.** Voir *Ibid.*, n° 435.

851 — XIII. **Détournement frauduleux.** Voir *Ibid.*, n° 438.

852 — XIV. **Succession échue à la femme.** Voir *Ibid.*, n° 440.

§ V. *Actes frauduleux.*

ART. 243. Toute obligation contractée par le mari à la charge de la communauté, toute aliénation par lui faite des immeubles qui en dépendent, postérieurement à la date de l'ordonnance dont il est fait mention en l'article 235, sera déclarée nulle, s'il est prouvé d'ailleurs qu'elle a été faite ou contractée en fraude des droits de la femme.

853 — **Renvoi.** Cet article est la reproduction de l'article 271 ancien, dont nous avons fait le commentaire sous les n°ˢ 441 à 447, auxquels nous renvoyons.

§ VI. *Fins de non recevoir.*

ART. 244. L'action en divorce s'éteint par la réconciliation des époux survenue, soit depuis les faits allégués dans la demande, soit depuis cette demande.

Dans l'un et l'autre cas, le demandeur est déclaré non recevable dans son action ; il peut, néanmoins, en intenter une nouvelle pour cause survenue ou découverte depuis la réconciliation et se prévaloir des anciennes causes à l'appui de sa nouvelle demande.

L'action en divorce s'éteint également par le décès de l'un des époux survenu avant que le jugement soit devenu irrévocable par la transcription sur les registres de l'état civil.

854 — I. **Réconciliation.** Le paragraphe premier de l'article 244 est la reproduction textuelle de l'ancien article 273, que nous avons expliqué dans notre *Commentaire*, sous les n°ˢ 326 à 341, auxquels nous renvoyons.

855 — II. **Preuve.** La loi nouvelle n'ayant pas reproduit l'ancien article 274 relatif à la preuve de la réconciliation; cette preuve se fait suivant les règles du droit commun. Voir notre *Commentaire*, n° 349.

856 — III. **Nouvelle action.** Quant au paragraphe deux, il est la reproduction textuelle de l'ancien article 273 expliqué par les n°ˢ 342 à 347 de notre *Commentaire*. Nous y renvoyons également.

857 — IV. **Décès.** Il était de règle sous la législation précédente que le décès de l'un ou de l'autre des époux avant la prononciation du divorce dissolvait le mariage et, ainsi, éteignait l'action en divorce qui, à ce moyen, devenait sans effet (n° 378 de notre *Commentaire*). La loi nouvelle contient une disposition à ce sujet portant que le décès survenu avant la transcription du jugement sur les registres de l'état civil éteint l'action en divorce. — Suivant le projet du gouvernement, l'action en divorce s'éteignait par le fait que le jugement de divorce était devenu irrévocable, de sorte que la transcription du jugement sur les registres de l'état civil aurait pu être fait par les héritiers ou contre eux. Mais la commission du Sénat a pensé qu'il fallait, pour l'extinction de l'action, que le jugement fût transcrit; en effet, dit-elle : « On peut supposer que l'époux qui a obtenu gain de cause s'est abstenu intentionnellement de faire transcrire dans un sentiment d'indulgence et de pardon, et que si les héritiers avaient le droit de faire transcrire à son lieu et place, ce serait supprimer le droit de grâce. »

§ VII. *Enquête.*

Art. 245. Lorsqu'il y a lieu à enquête, elle est faite conformément aux dispositions des articles 252 et suivants du Code de procédure civile.

Les parents, à l'exception des descendants, et les domestiques des époux peuvent être entendus comme témoins.

858 — I. **Législation précédente**. Le Code, toujours dans le but de rendre solennelles les formes de la procédure sur l'action en divorce afin qu'on y recourre le moins possible, avait établi, relativement aux enquêtes, les formalités suivantes : après le jugement ordonnant les enquêtes, il était donné lecture aux parties du procès-verbal contenant nomination des témoins à entendre, en les avertissant qu'elles pouvaient encore en désigner d'autres, mais qu'après ce moment elles n'y seraient plus reçues (art. 249); — reproches des témoins sur lesquels le tribunal statuait après avoir entendu le ministère public (art. 250); — tout jugement qui admettait une preuve testimoniale, dénommait les témoins et déterminait le jour et l'heure où ils seraient présentés (art. 252); — les dépositions étaient reçues par le tribunal séant à huit clos, en présence du ministère public, des parties et de leurs conseils ou amis jusqu'au nombre de trois (art. 253); — les parties par elles ou par leurs conseils pouvaient, sans interrompre les témoins, leur faire toutes observations et interpellations (art. 254); — il était dressé procès-verbal de chacune des dépositions ainsi que des dires et observations (art. 255); — après la clôture des enquêtes, le tribunal renvoyait les parties à l'audience publique (art. 256). — Ces dispositions ont été entièrement abrogées par la loi nouvelle; en conséquence les explications de chacun de ces articles dans notre *Commentaire* deviennent sans objet.

859 — II. **Législation nouvelle.** Ce mode d'enquête, porte l'exposé des motifs, constituait une entrave à l'administration de la justice ; et la commission du Sénat, de son côté, dit : il était indispensable de supprimer les formalités beaucoup trop compliquées du Code civil. Par suite, l'enquête, quand il y a lieu, est faite conformément aux articles 252 et suivants du Code de procédure. — Toutefois, l'exposé des motifs ajoute : « Sans doute, si le tribunal désire s'éclairer particulièrement, » s'il veut apprécier par lui-même la valeur de certaines dispositions, » confronter les parties, il pourra ordonner telle mesure qu'il jugera né- » cessaire, notamment une comparution personnelle à l'audience, c'est » le droit commun. Mais ce serait là des faits exceptionnels. En prin- » cipe un juge commissaire unique suffit pour mener à bien l'en- » quête. »

860 — III. **Enquête.** Les enquêtes sont règlementées par les articles 252 à 294 du Code de procédure, auxquels nous renvoyons, et dont les dispositions ont une complication bien autre que celle des articles 249 à 256 anciens du Code civil.

861 — IV. **Témoins. — Descendants. — Domestiques.** Le deuxième paragraphe est la reproduction écourtée de l'ancien article 251, que nous avons expliqué dans notre *Commentaire*, sous les n°s 283 à 285 auxquels nous renvoyons.

862 — V. **Preuves.** La preuve des faits allégués se fait de la manière

que nous avons rapportée dans notre *Commentaire*, nᵒˢ 121, 126, 134, 244, 245.

§ VIII. *Sursis.*

ART. 246. Lorsque la demande en divorce a été formée pour toute autre cause que celle qui est prévue par l'article 232, le tribunal, encore que cette demande soit bien établie, peut ne pas prononcer immédiatement le divorce.

Dans ce cas, il maintient ou prescrit l'habitation séparée et les mesures provisoires pendant un délai qui ne peut excéder six mois.

Après le délai fixé par le tribunal, si les époux ne sont pas réconciliés, chacun d'eux peut faire citer l'autre à comparaître devant le tribunal dans le délai de la loi pour entendre prononcer le jugement de divorce.

SOMMAIRE.

I. Principe.	VII. Citation.
II. Faculté.	VIII. Jugement.
III. Cas.	IX. Libellé du jugement.
IV. Résidence, mesures provisoires.	X. Frais.
V. Délai.	XI. Torts réciproques.
VI. Appel.	

863 — I. **Principe.** L'article 246 est la reproduction des articles 259 et 260 anciens; mais avec les modifications que nous allons indiquer.

864 — II. **Faculté.** Le pouvoir pour les tribunaux de ne pas prononcer immédiatement le divorce est une faculté; il appartient au juge d'en user ou non (notre *Commentaire*, nᵒ 306). Cette faculté n'appartient qu'au juge de première instance et non au juge d'appel (exposé des motifs).

865 — III. **Cas.** L'article 259 ne permettait l'exercice de cette faculté que lorsque le divorce était demandé pour cause d'excès, de sévices ou d'injures graves. L'article 246 nouveau l'a étendu au cas d'adultère, et c'est seulement quand le divorce est demandé pour cause de condamnation que le tribunal n'a pas le droit d'ordonner un sursis.

866 — IV. **Résidence. — Mesures provisoires.** Le tribunal, en ne prononçant pas immédiatement le divorce, même lorsque la demande est reconnue fondée, doit être mu par cette pensée, que le demandeur n'est pas absolument décidé à persister dans son action et que si le défendeur implore son pardon il sera peut-être accordé. Pour ne pas brusquer les choses, il fallait laisser subsister les décisions rela-

tives à l'habitation séparée et aux mesures conservatoires qui, selon le deuxième paragraphe de notre article, doivent être maintenues.

867 — V. **Délai**. Il appartient aux tribunaux de fixer le délai du sursis ; toutefois, il ne peut ni excéder le délai de six mois ni être prolongé (notre *Commentaire*, n° 309). L'article 260 ancien permettait de porter ce délai à un an ; la loi nouvelle l'a réduit à six mois.

868 — VI. **Appel**. On décidait, sous la législation précédente, qu'il ne pouvait être fait appel de la décision ordonnant le sursis (notre *Commentaire*, n° 307). A plus forte raison doit-il en être de même aujourd'hui que le temps d'épreuve est moindre.

869 — VII. **Citation**. D'après l'article 260 ancien le droit de faire citer après le temps d'épreuve n'appartenait qu'au demandeur, toujours maître d'arrêter l'action et de faire grâce. En vertu du troisième paragraphe de notre article, ce droit par un non sens dont on ne trouve les raisons ni dans l'exposé des motifs, ni dans le rapport de la commission, ni dans la discussion, a été conféré à chacune des parties, au défendeur comme au demandeur, de sorte que le défendeur peut requérir que le divorce soit prononcé contre lui. — Sur le mode de citation, voir notre *Commentaire*, n° 311.

870 — VIII. **Jugement**. Sur la citation de l'une ou de l'autre des parties, le tribunal est tenu de prononcer immédiatement le divorce ; il ne lui serait pas permis de rouvrir le débát ni de refuser de faire droit à la réquisition de divorce, même lorsqu'elle émane du défendeur.

871 — Si le tribunal n'a pas ordonné le sursis, il statue après l'enquête sur l'action portée devant lui, en conséquence prononce le divorce ou rejette la demande.

872 — IX. **Libellé du jugement**. Voir notre *Commentaire*, n° 302.

873 — X. **Frais**. Voir *Ibid.*, n° 305.

874 — XI. **Torts réciproques**. Si le divorce est prononcé contre l'un et l'autre des époux, en raison de ce que leurs torts sont réciproques, voir ce que nous avons dit dans notre *Commentaire*, n°ˢ 333, 350, 358.

§ IX. Voies de recours.

Art. 247. Lorsque l'assignation n'a pas été délivrée à la partie défenderesse en personne et que cette partie fait défaut, le tribunal peut, avant de prononcer le jugement sur le fond, ordonner l'insertion dans les journaux d'un avis destiné à faire connaître à cette partie la demande dont elle a été l'objet.

Le jugement ou l'arrêt qui prononce le divorce par défaut est signifié par huissier commis.

Si cette signification n'a pas été faite à personne, le président ordonne sur simple requête la publication du jugement par extrait dans les journaux qu'il désigne. L'opposition est recevable dans le mois de la signification, si elle a été faite à personne, et, dans le cas contraire, dans les huit mois qui suivront le dernier acte de publicité.

SOMMAIRE.

I. Défaut.	IV. Opposition.
II. Insertion de la demande.	V. Insertion du jugement.
III. Signification.	VI. Délai.

875 — I. **Défaut.** Suivant l'article 245 ancien, quand le défendeur était défaillant, le demandeur devait lui faire signifier l'ordonnance du président renvoyant les parties à l'audience, dans le délai qu'elle avait déterminé (notre *Commentaire*, n° 255). En outre, qu'il s'agisse du jugement d'admissibilité ou du jugement prononçant au fond, si le défendeur ne comparaissait pas, on passait outre et le jugement était rendu par défaut, sans qu'il fut admis à former opposition (*Ibid.*, n°ˢ 263 et 303). — L'article 247 nouveau a apporté les modifications suivantes.

876 — II. **Insertion de la demande.** Lorsque les deux circonstances ci-après se trouvent réunies : 1° que l'assignation n'a pas été délivrée au défendeur en personne, 2° et qu'il fait défaut, il appartient au tribunal, s'il juge cela nécessaire avant de prononcer le jugement sur le fond, d'ordonner l'insertion dans les journaux, d'un avis destiné à lui faire connaître la demande dont il est l'objet.

877 — III. **Signification.** Le jugement ou l'arrêt qui a prononcé le divorce par défaut est signifié au demandeur. L'huissier chargé de cette signification doit être commis.

878 — Il serait préférable, en un tel cas, que la signification au lieu d'être faite à domicile au moyen du *parlant à…*, eût lieu sous enveloppe, à l'adresse du défendeur, recommandée à la poste. Si les investigations des agents de la poste se trouvaient insuffisantes, on aurait la certitude que le défendeur n'a pas été touché par la signification, et alors, mais alors seulement, on recourrait aux formalités de publicité que la loi prescrit.

879 — IV. **Opposition.** Contrairement à la jurisprudence en vigueur sous la précédente législation, *supra* n° 875, l'article 247 nouveau admet que le divorce prononcé en première instance et en appel, par défaut contre le défendeur, est susceptible d'opposition.

880 — V. **Insertion du jugement.** Quand la signification n'a pas été faite au demandeur défaillant, parlant à sa personne, le président ordonne sur simple requête la publication du jugement par extrait dans les journaux qu'il désigne. Nous ne voyons pas l'utilité de cette ordonnance si ce n'est à titre d'accroissement des frais, le fait que l'exploit n'est pas remis à la personne devrait suffir.

881 — VI. **Délai.** Le défendeur a, pour former opposition au jugement ou à l'arrêt rendu par défaut, un délai qui est suivant les cas : d'un mois du jour de la signification si elle lui a été faite à personne ; — et de huit mois à partir du dernier acte de publicité, si la signification ne lui a pas été faite en personne. Le devoir de l'huissier sera, dans la mesure du possible, de faire tout le nécessaire pour que l'exploit soit remis au défendeur parlant à sa personne.

882 — Après le dernier acte de publicité, si le demandeur vient à découvrir l'adresse du défendeur, nous sommes d'avis qu'il pourra lui faire une nouvelle signification à personne, afin que le délai soit réduit à un mois.

Art. 248. L'appel est recevable pour les jugements contradictoires dans les délais fixés par les articles 443 et suivants du Code de procédure civile.

S'il s'agit d'un jugement par défaut, le délai ne commence à courir qu'à partir du jour où l'opposition n'est plus recevable.

En cas d'appel, la cause s'instruit à l'audience ordinaire et comme affaire urgente.

Les demandes reconventionnelles peuvent se produire en appel, sans être considérées comme demandes nouvelles.

Le délai pour se pourvoir en cassation court du jour de la signification à partie, pour les arrêts contradictoires ; et, pour les arrêts par défaut, du jour où l'opposition n'est plus recevable.

Le pourvoi est suspensif.

SOMMAIRE.

I. Appel	V. Demande reconventionnelle.
II. Jugement contradictoire.	VI. Désistement.
III. Jugement par défaut.	VII. Pourvoi en cassation.
IV. Instruction en appel.	

883 — I. **Appel.** L'ancien article 263 fixait le délai pour appeler, à

deux mois du jour de la signification du jugement, qu'il fût contradictoire ou par défaut. La loi nouvelle fixe le point de départ à des dates différentes, suivant que le jugement est contradictoire ou par défaut.

884 — II. **Jugement contradictoire.** L'appel d'un jugement contradictoire en matière de divorce doit avoir lieu dans le délai de deux mois du jour de la signification (C. proc., 443).

885 — III. **Jugement par défaut.** Si le jugement a été rendu par défaut, le délai de deux mois pour appeler ne commence à courir que du jour où l'opposition n'est plus recevable, *supra* n° 881.

886 — IV. **Instruction en appel.** Le troisième paragraphe de l'article 248 est la reproduction de l'article 262 ancien, dont nous avons donné le commentaire, sous les n°ˢ 315 à 318.

887 — V. **Demandes reconventionnelles.** On décidait, sous la législation précédente, que la demande reconventionnelle sur une instance en divorce n'était plus recevable après le jugement définitif de divorce (notre *Commentaire*, n° 355). La loi nouvelle la permet en tout état de cause, même en appel, sans qu'elle soit considérée comme une demande nouvelle. Sur les cas où la demande reconventionnelle est admissible, voir *supra* n°ˢ 823 et 824.

888 — VI. **Désistement.** Voir notre *Commentaire*, n° 320.

889 — VII. **Pourvoi en cassation.** Le délai pour se pourvoir en cassation qui est de deux mois (Loi 2 juin 1862, art. 1ᵉʳ), court suivant le cinquième paragraphe de notre article : du jour de la signification à partie, si l'arrêt est contradictoire ; et du jour où l'opposition n'est plus recevable, *supra* n° 881, s'il est par défaut. Le pourvoi est suspensif (notre *Commentaire*, n° 321).

Art. 249. Le jugement ou l'arrêt qui prononce le divorce n'est pas susceptible d'acquiescement.

SOMMAIRE.

I. Acquiescement.	II. Requête civile.

890 — I. **Acquiescement.** La question de savoir si l'on peut acquiescer à un jugement de divorce était très controversée sous la législation précédente (notre *Commentaire*, n° 304). L'article 249 proclame qu'un tel jugement n'est pas susceptible d'acquiescement.

891 — II. **Requête civile.** Dans notre *Commentaire*, n° 323, nous avons été d'avis que la voie de la requête civile était admissible pour le divorce comme en toute autre matière. Le projet de loi et la première délibération du Sénat avaient été d'une opinion contraire, et un deuxième paragraphe de l'article 249 ajoutait : « Il ne peut être attaqué » par la voie de la requête civile ; » mais, en deuxième lecture, ce para-

graphe a été rejeté, de sorte que la requête civile peut être formée contre le jugement ou l'arrêt qui a prononcé le divorce.

§ X. *Publicité.*

ART. 250. Extrait du jugement ou de l'arrêt qui prononce le divorce est inséré aux tableaux exposés tant dans l'auditoire des tribunaux civil et de commerce que dans les chambres des avoués et des notaires.

Pareil extrait est inséré dans l'un des journaux qui se publient dans le lieu où siège le tribunal, ou, s'il n'y en a pas, dans l'un de ceux publiés dans le département.

SOMMAIRE.

I. Législation précédente.	III. Epoux commerçants.
II. Législation nouvelle.	

892 — I. **Législation précédente.** La publicité du jugement de divorce n'était prescrite, en vertu de l'article 66 du Code de commerce et de l'article 872 du Code de procédure, que lorsque l'un des époux est commerçant (notre *Commentaire*, n° 370).

893 — II. **Législation nouvelle.** L'article 250 nouveau exige la publicité dans tous les cas, que les époux soient commerçants ou non, au moyen de l'insertion d'un extrait du jugement ou de l'arrêt, aux tableaux exposés tant dans l'auditoire des tribunaux civil et de commerce que dans les chambres des avoués et des notaires et, en outre, dans l'un des journaux que se publient au lieu où siège le tribunal ou, s'il n'y en a pas, dans l'un de ceux publiés dans le département.

894 — III. **Epoux commerçants.** Si les époux sont commerçants, nous pensons que la publicité doit être faite conformément aux articles 66 Code commerce et 872 Code procédure, dont les règles ont été rapportées n° 370 de notre *Commentaire*.

§ XI. *Transcription.*

ART. 251. Le dispositif du jugement ou de l'arrêt est transcrit sur les registres de l'état civil du lieu où le mariage a été célébré.

Mention est faite de ce jugement ou arrêt en marge de l'acte de mariage, conformément à l'article 49 du Code civil. Si le mariage a été célébré à l'étranger, la transcription est faite sur les registres de l'état civil du lieu où les époux avaient leur domicile, et mention est faite en marge de l'acte de mariage, s'il a été transcrit en France.

SOMMAIRE.

I. Principe.
II. Législation précédente.
III. Motifs de l'abrogation.

IV. Compétence.
V. Transcription.
VI. Mention.

895 — I. **Principe.** Le législateur de 1804, quoi qu'on en ait dit, était bien plus respectueux de l'indissolubilité du lien conjugal que ne l'est le législateur moderne. Dans la loi du divorce, depuis la demande jusqu'à l'acte de l'état civil qui prononçait le divorce, il avait soin toujours de laisser place au pardon et, après que le tribunal avait admis le divorce, qu'il ne restait plus qu'à le faire prononcer par l'officier de l'état civil, l'époux offensé, avant de rompre par un acte solennel le mariage qui, pendant longtemps, pouvait avoir été la joie de sa vie, avait la possibilité de jeter un regard en arrière et, au lieu de se présenter pour en demander la rupture, il lui était permis de préférer le pardon en omettant de requérir la prononciation du divorce (Voir notre *Commentaire*, n° 360). Sous la législation nouvelle ce n'est plus l'époux offensé qui se meut, mais l'avoué à sa place, et la transcription destinée à rendre le divorce irrévocable, n'est plus qu'un dernier acte de la procédure. D'ailleurs, s'il ne faisait pas cette transcription, l'époux coupable, par une aberration de la loi, a le droit de le faire en bénéficiant de sa propre turpitude ! Que le législateur de 1804 était grand auprès du législateur moderne ! !

896 — Pour justifier le droit accordé au défendeur de requérir la transcription du jugement de divorce, on a dit : — « Il a convenu à » l'époux demandeur de traiter son conjoint jusqu'aux dernières limites » de la déconsidération, de lui infliger toutes les souffrances morales, » toutes les dégradations sociales qui peuvent résulter des constata- » tions écrites dans un jugement et un arrêt. Il a été implacable dans » sa procédure, il les a poussées jusqu'au bout ; il ne peut dépendre de » lui seul d'effacer les choses ineffaçables » (Discours de M. Léon RE- NAULT au Sénat). Comment, voici une femme adultère, elle a commis un crime qui devrait être puni à l'égal du meurtre ; son mari, un honnête homme, l'a fait condamner à la prison, puis a obtenu un jugement de divorce ; cette femme par la publicité de l'audience est, aux yeux de la loi, devenue digne d'intérêt, et si le mari, par bonté d'âme, ne requiert pas l'irrévocabilité du divorce, elle aura droit, elle la coupable, de la requérir ! D'après ce raisonnement, le voleur, l'assassin, qui a subi toutes les humiliations de la publicité, non seulement par l'au-

dience, mais par toute la presse, deviendrait aussi intéressant, et au lieu de l'envoyer au bagne, on devrait y conduire sa victime ! !

897 — II. **Législation précédente.** En vertu des articles 264, 265 et 266 du Code civil, quand le jugement ou l'arrêt admettant le divorce était passé en force de chose jugée, l'époux qui l'avait obtenu était obligé, dans le délai de deux mois, de se présenter devant l'officier de l'état civil pour le faire prononcer, l'autre partie dûment appelée ; faute de quoi il était déchu du bénéfice du jugement qu'il avait obtenu et ne pouvait reprendre son action en divorce, sinon pour cause nouvelle. Ces articles ayant été abrogés par la loi nouvelle, les explications que nous en avons données dans notre *Commentaire*, n°s 359 à 386, deviennent sans objet.

898 — III. **Motifs de l'abrogation.** Une dissidence s'était produite dans le sein de la commission du Sénat au sujet de cette mesure : les uns étaient favorables au maintien de la prononciation du divorce par l'officier de l'état civil. La majorité a préféré rendre prédominant le pouvoir des tribunaux et réduire le rôle de l'officier de l'état civil à celui d'un simple copiste. Devant le Sénat, les partisans opposés à la prononciation et le garde des sceaux d'alors, ont soutenu leur opinion à l'aide de moyens peu dignes du législateur ; ainsi, on a dit que la prononciation du divorce loin d'être solennelle, avait quelque chose de ridicule, de puéril, de bouffon, de dangereux parfois, et donnait lieu à une curiosité ironique et railleuse, à des scandales ; que le rôle de l'officier de l'état civil était embarrassé, contraint. Mais, en supposant exactes ces appréciations exagérées, ne se rencontrent-ils pas certains mariages susceptibles de donner prise à des critiques plus fondées ; ne voit-on pas aussi au moment de la célébration des scandales, venus de jeunes filles séduites, délaissées. Si l'on observait à la lettre le raisonnement que nous venons de reproduire, ne faudrait-il pas éviter également la célébration publique du mariage ? — Pendant 24 ans, de 1792 à 1816, et depuis près de cent ans, en Belgique, les divorces ont été et sont encore prononcés par l'officier de l'état civil ; c'est la première fois que nous entendons s'en plaindre. Nous croyons, au contraire, que la rupture du lien conjugal du vivant des époux, par celui devant lequel ce lien s'était formé, était de toute logique et devait être maintenu.

899 — IV. **Compétence.** La législation précédente donnait compétence pour la prononciation du divorce à l'officier de l'état civil du lieu du domicile des époux (notre *Commentaire*, n° 365). Aujourd'hui elle appartient à l'officier de l'état civil du lieu où le mariage entre les époux a été contracté ; la règle ne sera pas exempte de difficultés quand le lieu se trouvera lointain.

900 — V. **Transcription.** Suivant la loi nouvelle, le divorce devient définitif par la transcription du dispositif du jugement ou de l'arrêt

sur les registres de l'état civil du lieu où le mariage a été célébré. Si c'est à l'étranger, la transcription est faite sur les registres de l'état civil du lieu où les époux avaient leur dernier domicile. Voir en ce qui concerne ce domicile les explications données dans notre *Commentaire*, n° 365.

901 — VI. **Mention.** Mention est faite du jugement ou de l'arrêt prononçant le divorce, en marge de l'acte de mariage, conformément à l'article 49 du Code civil. Quand le mariage a été célébré à l'étranger, cette mention n'est prescrite que s'il a été transcrit en France ; elle se fait en marge de la transcription.

Art. 252. La transcription est faite à la diligence de la partie qui a obtenu le divorce ; à cet effet, la décision est signifiée, dans un délai de deux mois, à partir du jour où elle est devenue définitive, à l'officier de l'état civil compétent, pour être transcrite sur les registres. A cette signification doivent être joints les certificats énoncés en l'article 548 du Code de procédure civile, et, en outre, s'il y a un arrêt, un certificat de non pourvoi.

Cette transcription est faite par les soins de l'officier de l'état civil, le cinquième jour de la réquisition, non compris les jours fériés, sous les peines édictées par l'article 50 du Code civil.

A défaut, par la partie qui a obtenu le divorce, de faire la signification dans le premier mois, l'autre partie a le droit, concurremment avec elle, de faire cette signification dans le mois suivant.

A défaut par les parties d'avoir requis la transcription dans le délai de deux mois, le divorce est considéré comme nul et non avenu.

Le jugement dûment transcrit remonte, quant à ses effets entre époux, au jour de la demande.

SOMMAIRE.

<table>
<tr><td>I. Réquisition.</td><td>VI. Défaut de transcription.</td></tr>
<tr><td>II. Certificats.</td><td>VII. Nullité.</td></tr>
<tr><td>III. Négligence.</td><td>VIII. Décès.</td></tr>
<tr><td>IV. Divorce respectif.</td><td>IX. Effet rétroactif.</td></tr>
<tr><td>V. Formalité.</td><td>X. Date de la demande.</td></tr>
</table>

902 — I. **Réquisition**. La transcription a lieu sur la réquisition faite à la diligence de la partie qui a obtenu le divorce ou, en cas de négligence, de l'autre partie, au moyen de la signification de la décision qui l'a prononcé, dans le délai de deux mois du jour où elle est devenue définitive, à l'officier de l'état civil compétent, *supra* n° 899, pour être transcrite sur les registres.

903 — II. **Certificats**. A cette signification sont joints les certificats de non opposition ni appel prescrits par l'article 548 du Code de procédure, et, en outre, s'il y a eu appel, un certificat de non pourvoi.

904 — III. **Négligence**. Si la partie qui a obtenu le divorce omet de faire la signification dans le premier mois, la loi donne à l'autre partie le droit, concurremment avec elle, de faire cette signification dans le second mois.

905 — IV. **Divorce respectif**. Si le divorce a été prononcé à la fois contre l'un et contre l'autre des époux en raison de leurs torts réciproques, *supra* n° 874, chacun d'eux a le droit, dans le premier mois comme dans le second, de faire la signification à l'officier de l'état civil à fin de transcription.

906 — V. **Formalité**. La transcription doit être faite par les soins de l'officier de l'état civil, le cinquième jour de la réquisition, non compris les jours fériés, et s'il néglige de remplir cette formalité, il est passible des peines édictées par l'article 50 du Code civil.

907 — Cette formalité est susceptible de donner lieu à une connivence, qui ne se produira pas, nous l'espérons ; mais, par le fait seul qu'elle se trouve possible, le législateur aurait dû la prévoir et l'éviter. La transcription seule rend le divorce irrévocable ; c'est donc l'acte le plus important, malgré cela, il se passe à l'insu des parties et dépend de la volonté du secrétaire de la mairie ; ne peut-il pas arriver que le demandeur se trouve, lors de la signification, atteint d'une grave maladie, et que le défendeur, pour échapper aux effets pécuniaires du divorce, obtienne en prévision d'un décès annulant le jugement du divorce, *supra* n° 857, que la formalité soit retardée jusqu'à la dernière limite ? — Même en consacrant la formalité de la transcription, le législateur aurait dû, afin que la loi ne soit pas soupçonnée, adopter une autre mesure ; par exemple, dire que le demandeur, après qu'il aurait obtenu de l'officier de l'état civil la fixation du jour et de l'heure de la transcription, le signifierait au défendeur. De cette manière, l'irrévocabilité du divorce aurait eu une date précise et se serait produite non par un hasard pouvant venir de la fraude, mais par la volonté des parties.

908 — VI. **Défaut de transcription**. Si la transcription n'est pas requise dans le délai de deux mois, le divorce est considéré comme nul et non avenu. Il en était de même sous la précédente législation pour le

défaut de prononciation du divorce dans le délai de deux mois. Voir notre *Commentaire*, n° 376.

909 — VII. **Nullité.** La nullité du divorce ne résulterait pas seulement du défaut de réquisition de transcription ou d'une réquisition faite après l'expiration des délais; elle pourrait résulter aussi de la non observation des formes prescrites à l'égard de la procédure; mais ce cas sera assez rare. Voir sur ce point notre *Commentaire*, n°⁵ 381 à 386.

910 — VIII. **Décès.** Nous avons déjà dit, *supra* n° 857, que le décès de l'un des époux survenu avant la transcription du jugement entraîne la nullité du divorce. Voir notre *Commentaire*, n° 378.

911 — IX. **Effet rétroactif.** Sous la précédente législation, le divorce, en raison de ce qu'il n'est pas la consécration d'un droit préexistant, mais plutôt une modification dans l'état des personnes créative d'un droit nouveau, ne produisait ses effets que quand il était devenu définitif par sa prononciation devant l'officier de l'état civil (notre *Commentaire*, n° 480).

912 — Il en est autrement en vertu du dernier paragraphe de l'article 252. Entre les époux (mais non à l'égard des tiers puisque la demande en divorce n'est assujettie à aucune publicité), le jugement dûment transcrit remonte, quant à ses effets, au jour de la demande. Il s'en suit que c'est du jour de la demande que le mariage est dissous, ainsi que la communauté ou société d'acquêts qui existait entre les époux, et, comme conséquence, la femme peut se remarier aussitôt après la transcription du jugement de divorce, si dix mois se sont écoulés à partir de la demande. — Nous comprenons quand la femme obtient sa séparation de biens, même accessoirement à la séparation de corps, que les effets du jugement remontent au jour de la demande, car le lien conjugal subsistant, les biens seuls sont à considérer. Mais quant aux personnes, c'est une faute de faire remonter les effets du jugement au jour de la demande, alors surtout, comme on l'a dit dans la discussion au Sénat, que l'instance peut durer plusieurs années, et que, pendant ce temps, le sort du mariage est en suspens. Cette règle, qui n'a rien de juridique, produira des conséquences parfois déplorables.

913 — X. **Date de la demande.** Il s'élèvera des difficultés sur la question de fixer la date qui sera le point de départ de l'effet rétroactif produit par le jugement de divorce : s'il s'agit d'une demande principale en divorce ou à fin de conversion du jugement de séparation de corps en jugement de divorce, ce sera la date de l'exploit de citation devant le tribunal. — Mais si l'instance poursuivie par l'un des époux donne lieu à une demande reconventionnelle de l'autre époux et que le divorce soit prononcé à son profit, il semble que l'effet du jugement ne doit dater que des conclusions par lesquelles la demande reconventionnelle a été formée, puisque la demande primitive de l'autre

époux est reconnue non fondée. — Si l'instance en séparation pendante devant le tribunal lors de la promulgation de la loi est convertie en instance en divorce, on peut dire que l'effet remonte au jour de la demande en raison de ce que la séparation de corps devait conduire au même résultat.

TITRE IV.

DISPOSITIONS ACCESSOIRES A LA LOI DU DIVORCE.

CHAPITRE PREMIER. — **De la séparation de corps.**

Art. 307. La demande en séparation de corps sera intentée, instruite et jugée de la même manière que toute autre action civile; néanmoins les articles 236 à 244 lui seront applicables; elle ne pourra avoir lieu par le consentement mutuel des époux.

Le tuteur de la personne judiciairement interdite peut, avec l'autorisation du conseil de famille, présenter la requête et suivre l'instance à fin de séparation.

SOMMAIRE.

I. Rédaction inexacte.
II. Règles.

III. Consentement mutuel.
IV. Interdit judiciaire.

914 — I. **Rédaction inexacte.** La première phrase suivant laquelle la demande en séparation doit être intentée, instruite et jugée de la même manière que toute autre action civile, est la reproduction textuelle de l'ancien article 307. Comme nous l'avons fait remarquer dans notre *Commentaire*, n° 611, cette rédaction est vicieuse, puisque les instances en séparation sont aussi assujetties aux règles tracées par les articles 875 à 878 du Code de procédure.

915 — II. **Règles.** Outre les règles dont nous venons de parler et qui sont expliquées dans notre *Commentaire*, n°s 606 à 633, auxquels nous renvoyons, les instances en séparation sont aussi soumises à celles des articles 236 à 244 dont nous avons présenté plus haut le commentaire.

916 — III. **Consentement mutuel.** La séparation de corps, comme le divorce, ne peut avoir lieu par le consentement mutuel des époux. Cette disposition qui se trouvait dans l'ancien article 307 n'avait pas été reproduite par la loi du 27 juillet 1884. On ne voit pas pourquoi la loi nouvelle l'a rétablie.

917 — IV. **Interdit judiciaire**. Le deuxième paragraphe de l'article 307 donne au tuteur de l'interdit judiciaire le droit, avec l'autorisation du conseil de famille, de demander la séparation de corps. Ce paragraphe, dans le projet de loi ni dans le vote en première lecture, ne s'y trouvait pas; c'est sans explication qu'il y figure. Perdu pour l'article 234, *supra* n° 754, ce paragraphe s'est retrouvé sous l'article 307 !

CHAPITRE II. — **Conversion de séparation de corps en divorce**.

ARTICLE 2.

Le paragraphe suivant est ajouté à l'article 310 :

« La cause en appel sera débattue et jugée en chambre du conseil, sur rapport, le ministère public entendu. L'arrêt sera rendu en audience publique. »

918 — **Appel**. L'article 310, dû à nos législateurs modernes, a donné lieu à de grandes controverses et à des disputes nombreuses entre les auteurs; voir notre *Commentaire*, n°s 450 à 467. Le législateur a jugé utile d'ajouter à cette matière un paragraphe nouveau sans grande utilité; il est la reproduction de ce que nous avons dit dans notre *Commentaire*, n° 468.

CHAPITRE III. — **Désaveu d'enfant**.

ARTICLE 3.

Le paragraphe ajouté à l'article 313 du Code civil, par la loi du 6 décembre 1850, est modifié ainsi qu'il suit :

ART. 313. « En cas de jugement ou même de demande soit de divorce, soit de séparation de corps, le mari peut désavouer l'enfant né trois cents jours après la décision qui a autorisé la femme à avoir un domicile séparé et moins de cent quatre-vingts jours depuis le rejet définitif de la demande ou depuis la réconciliation.

L'action en désaveu n'est pas admise s'il y a eu réunion de fait entre les époux. »

919 — I. **Désaveu**. Le paragraphe premier de notre article 313 est la reproduction textuelle de l'ancien paragraphe dont le commentaire a été donné n°s 520 à 525. Nous n'avons qu'à nous y référer.

920 — II. **Réunion de fait**. Il a semblé utile de mentionner dans la loi, ce qui ne pouvait faire difficulté, que l'action en désaveu n'est plus admissible s'il y a eu réunion de fait entre les époux.

CHAPITRE IV. — **Abrogations**.

ARTICLE 4.

Sont abrogés les articles 253 à 274 du Code civil, l'article 881 du Code de procédure civile, les articles 2, 3 et 4 de la loi du 27 juillet 1884, et toutes les dispositions contraires à la présente loi.

921 — **Renvoi**. Voir ce que nous avons dit *supra*, n°s 750 et suiv.

CHAPITRE V. — **Algérie. Colonies**.

ARTICLE 5.

La présente loi est applicable à l'Algérie et aux colonies de la Martinique, de la Guadeloupe et de la Réunion.

922 — **Renvoi**. Cet article est la reproduction de l'ancien article 5, dont nous avons présenté le commentaire, n°s 582 à 592.

Dispositions transitoires.

ARTICLE 6.

Les instances en séparation de corps pendantes au moment de la promulgation de la loi du 27 juillet 1884 peuvent être converties, par le demandeur, en instances de divorce.

Cette conversion peut être demandée même en cour d'appel.

La procédure spéciale de divorce sera suivie à partir du dernier acte valable de la procédure de séparation de corps.

Peuvent être convertis en jugements de divorce, comme il est dit en l'article 310 du Code civil, tous jugements de séparation de corps, antérieurs à la promulgation de la présente loi, devenus définitifs depuis trois ans.

SOMMAIRE.

I. Instances pendantes.	III. Conversion de séparation.
II. Appel.	IV. Délai.

923 — I. **Instances pendantes**. Les deux premiers paragraphes s'appliquent aux instances pendantes lors de la promulgation de la loi du 27 juillet 1884. Ces dispositions ont été expliquées dans notre *Commentaire*, n°s 469, 470, 472 et 473 ; nous y renvoyons.

924 — II. **Appel**. Le troisième paragraphe est la reproduction du paragraphe deux de l'ancien article 4. Nous renvoyons au commentaire que nous en avons donné sous le n° 471.

925 — III. **Conversion de séparation**. Le dernier paragraphe de l'article 6 est la reproduction du paragraphe trois de l'ancien article 6, dont le commentaire a été fait sous les n°s 474 à 477 auxquels nous renvoyons également.

926 — IV. **Délai**. Il y avait controverse (n° 476 de notre *Commentaire*) sur la question de savoir si le délai de trois ans devait être observé en cas de conversion en divorce du jugement de séparation prononcé avant la promulgation de la loi du 27 juillet 1884. Le paragraphe quatre de l'article 6 tranche cette question par l'affirmative pour les jugements de séparation de corps antérieurs à la loi du 18 avril 1886.

ARTICLE 7.

La présente loi s'appliquera aux instances de divorce commencées sous l'empire de la loi du 27 juillet 1884.

927 — **Instances de divorce**. La commission du Sénat, se préoccupant du sort des instances en cours, a soumis aux règles de la loi nouvelle, les instances de divorce commencées sous la loi du 27 juillet 1884.

TITRE V.

DES EFFETS DU DIVORCE.

928 — I. **Renvoi**. La loi n'a apporté aucune modification aux articles 295 à 304, 1441, 1452, 1463, 1518 du Code civil et 174 du Code de procédure, que nous avons expliqués dans notre *Commentaire*, n°s 479 à 581. Nous y renvoyons.

929 — II. **Communauté dissoute**. Toutefois l'effet rétroactif attaché au jugement de divorce dissout la communauté, société d'acquêts ou autre association conjugale entre les époux, non plus à partir du jour où le divorce est devenu irrévocable par la transcription sur les registres de l'état civil, mais à compter de la demande, *supra* n° 912.

MODIFICATIONS AUX FORMULES

Par suite du renvoi à la procédure ordinaire rendant obligatoire la constitution d'avoués et de la suppression de la prononciation du divorce, les **Formules 3, 4, 5, 6 et 7**, pages 162 à 168, sont devenues sans objet.

Formule 8, page 168, *les deux dernières lignes sont à modifier ainsi* : et transcrit sur les registres de l'état civil de la mairie de..., le...

Formule 9, même page, *modifier ainsi* : qu'il a été marié avec Mme.., mais que leur mariage s'est trouvé dissous par l'effet du divorce prononcé entre eux, suivant jugement du tribunal civil de..., en date du..., et devenu définitif par la transcription du dispositif de ce jugement, faite à la mairie de..., le...

Formule 10, même page, *modifier de la même manière.*

Formule 12, page 177, *modifier ainsi les 8e et 10e alinéas :*
Que sur cette assignation et après les enquêtes que la loi prescrit, le tribunal civil de..., a, contradictoirement avec ladite dame, prononcé le divorce à la requête de M. DESRUES, et commis M^e..., l'un des notaires soussignés, pour procéder à la liquidation des droits de M. et Mme DESRUES;
Que Mme DESRUES a formé appel, etc.
Que ledit arrêt étant passé en force de chose jugée, le divorce est devenu définitif par la transcription du dispositif du jugement et de l'arrêt faite à la mairie de..., le...

Formule 13, page 179, *modifier ainsi :*
Lesquels ont dit que la communauté qui a existé entre eux s'étant trouvée dissoute par le divorce prononcé à la requête de Mme MARLIEZ contre son mari, suivant jugement rendu par le tribunal civil de..., le.., et devenu définitif par la transcription qui en a été faite, etc., (*comme dessus*).
Ils requièrent, etc.

Même Formule, page 183, *modifier ainsi :*
Sur cette demande, après enquête, le tribunal civil de..., par jugement contradictoire en date du..., a prononcé le divorce à la requête de

la femme, condamné le mari aux dépens, et commis M⁰..., notaire sous-signé, à l'effet de procéder à la liquidation des droits des parties.

Le divorce est devenu définitif par la transcription du dispositif de ce jugement, faite sur les registres de l'état civil de la mairie de.., le...

Un extrait de ce jugement a été déposé aux greffes des tribunaux civil et de commerce de..., et aux chambres des notaires et des avoués de la même ville, le tout à la date du...; il a été, en outre, inséré dans le..., journal d'annonces légales de..., feuille du..., dont un exemplaire signé de l'imprimeur et légalisé par le maire de..., porte cette mention : « Enregistré, etc. »

Par suite, la communauté ayant existé entre M. et Mme MARLIEZ, s'est trouvée dissoute le..., date de l'introduction de la demande.

Les frais de divorce, etc.

Formule 14, page 189, *mêmes modifications touchant l'énonciation du divorce.*

Formule 15, page 191, *modifier aussi l'énonciation du divorce suivant les indications ci-dessus.*

TABLE ALPHABÉTIQUE

TABLE DE CONCORDANCE

Des Articles du Code civil expliqués dans le

COMMENTAIRE DE LA LOI DU 18 AVRIL 1886

SUR LA PROCÉDURE EN MATIÈRE DE

DIVORCE ET SÉPARATION DE CORPS

Art. du Code civil.	Numéros du Commentaire.
234	764 à 770
235	771 à 775
236	776 à 781
237	782 à 786
238	787 à 817
239	818 à 827
240	828 à 836
241	837
242	838 à 852
243	853
244	854 à 857
245	858 à 862
246	863 à 874
247	875 à 882
248	883 à 889
249	890, 891
250	892 à 894
251	895 à 901
252	902 à 913
253 à 274	abrogés.
307	914 à 917
310	918
313	919, 920

Loi du 18 avril 1886.

Art.	
1	750 à 763
2	918
3	919, 920
4	921
5	922
6	923 à 926
7	927

TABLE MÉTHODIQUE DES MATIÈRES

FIN DE LA TABLE MÉTHODIQUE DES MATIÈRES.

Besançon. — Imp. Outhenin-Chalandre fils et Cⁱᵉ.